AF390339

Souffrance active

Alla Marcellin KONIN

Souffrance active

Essai sur l'approche de Spinoza envers la tristesse

A toute ma famille

INTRODUCTION

La capacité des humains à connaître les choses est au cœur de la philosophie de Spinoza. La structure géométrique de son éthique reflète ce fait, tout comme son attachement au principe de raison suffisante. « Pour chaque chose », écrit-il, « il faut attribuer une cause ou une raison, à la fois à son existence et à sa non-existence »[1]. Le meilleur exemple du rôle important que joue la connaissance dans la philosophie de Spinoza est peut-être son équation d'une vie éthique avec une vie guidée par la raison.

Cette équation entre agir rationnellement et agir moralement indique la

[1] *Eth* I, Prop 1

manière unique dont Spinoza pense les sentiments et les émotions humaines, auxquels il se réfère tous deux par un seul mot, « *affecte* ». Il considère les affects comme étroitement liés à la connaissance. Dans la préface de la troisième partie de l'*Éthique*, il dit qu'il entend considérer chaque matière concernant les affects « comme s'il s'agissait de lignes, de plans et de corps ». Savoir les choses est important, poursuit-il, car cela permet aux humains de gérer correctement leurs affects.

Il est essentiel non seulement que les humains sachent les choses, mais aussi qu'ils les sachent clairement plutôt que de manière confuse. Spinoza dirait qu'ils devraient acquérir des connaissances adéquates plutôt que des connaissances insuffisantes. Il existe deux types de connaissances qui peuvent être utilisées pour connaître les choses de manière adéquate : les connaissances rationnelles et les connaissances intuitives. Le fait que les deux soient habitués à connaître les choses de manière adéquate ne signifie cependant pas qu'ils sont égaux. Connaître une chose adéquatement n'est pas la même chose que la connaître complètement. Connaître les choses rationnellement, c'est les connaître.

Parce qu'elle implique l'abstraction d'une chose particulière, la connaissance rationnelle offre un moyen utile de connaître les aspects universels d'une chose. En raison de sa nature abstraite, cependant, il y a des problèmes avec cela. Pour surmonter ces problèmes, il faut aller au-delà de la connaissance rationnelle des choses pour les connaître intuitivement. Connaître les choses intuitivement, ce n'est pas seulement connaître des faits à leur sujet, mais connaître leur essence même, les connaître de l'intérieur. C'est savoir ce qu'est réellement une chose particulière, et à partir de là, connaître les faits à son sujet et comment elle se rapporte à toute autre chose. Notons que la connaissance rationnelle constitue une étape nécessaire : il est impossible de connaître intuitivement les choses sans les connaître rationnellement au préalable. En fin de compte, cependant, et surtout lorsqu'il s'agit de permettre aux humains de gérer leurs affects, la connaissance intuitive est supérieure à la connaissance rationnelle. Spinoza écrit dans la partie 5 de l'*Éthique* que « la plus grande vertu de l'esprit » et « la plus grande perfection humaine » résident dans la connaissance intuitive des choses.

La plupart des chercheurs reconnaissent que, pour Spinoza, la connaissance est étroitement liée aux affects du fait que la connaissance des choses permet aux humains de gérer correctement leurs affects. De plus, même si la relation entre les connaissances rationnelles et intuitives n'a pas reçu autant d'attention de la part des chercheurs qu'elle le mérite, beaucoup reconnaissent que la connaissance intuitive est supérieure à la connaissance rationnelle pour permettre aux humains de gérer correctement leurs affects. Mais il n'y a pas que les affects en général qui m'intéressent. J'ai plutôt l'intention de me concentrer ici sur l'affect que Spinoza appelle « *tristitia* », qui est généralement traduit par « *douleur* » ou « *tristesse* ». Le rôle que joue la *tristitia* dans la philosophie de Spinoza ainsi que la façon dont il propose que les humains devraient y faire face sont deux domaines qui ont malheureusement été négligés par les spécialistes de Spinoza. J'ai l'intention de faire le premier pas vers la réparation de ce tort. Notre but dans ce livre est de soutenir que, pour Spinoza, connaître les choses est ce qui permet aux humains de faire face à leurs expériences de la douleur et que connaître les choses intuitivement est la meilleure façon de leur permettre de le faire. Ces deux arguments constituent ma contribution originale à l'érudition de Spinoza.

Tout au long de mon essai, j'appelle « *souffrance active* » cette capacité à faire face à la douleur que l'humain acquiert en connaissant les choses. En d'autres termes, je soutiens que, chaque fois qu'une personne éprouve de la douleur, elle devrait y faire face en souffrant activement. On pense généralement qu'il n'y a qu'une seule façon de ressentir la douleur, qui consiste simplement à la laisser se produire et à y réagir involontairement. C'est la façon passive de ressentir la douleur. Le concept est dérivé de la définition par Spinoza d'une chose comme « passive » lorsque quelque chose qui affecte une personne est causé – en partie ou en totalité – par une force extérieure à elle. Une personne souffre donc passivement lorsqu'elle ne fait que réagir à sa douleur, permettant ainsi à une force extérieure de contrôler ses affects. Elle est totalement à la merci de sa douleur. Mais il existe une autre façon de subir la douleur, qui consiste à la prendre en charge et à y répondre de manière réfléchie. C'est la manière active de ressentir la douleur. Le concept est dérivé de la définition par Spinoza de quelque chose qui affecte une personne comme « *actif* » si cette personne elle-même - en totalité, et non en partie - en est la cause. Une personne souffre donc activement, lorsqu'elle répond à sa douleur plutôt que de simplement y réagir, contrôlant ainsi ses effets internes. Bien qu'elle souffre, elle n'est pas à la merci de la douleur. Elle utilise ses connaissances pour être toujours en contrôle d'elle-même.

Mon argument est que, pour Spinoza, savoir les choses est crucial pour être actif, ce qui est à son tour crucial pour gérer correctement la douleur. Inclus dans cet argument est l'observation de Spinoza selon laquelle gérer correctement la douleur – souffrir activement – est la même chose qu'être libre. Je l'inclus, car être libre fait partie de ce que signifie souffrir activement. Selon Spinoza, tout ce qui arrive – y compris tout ce qui est arrivé et arrivera – arrive par nécessité. Ainsi, il définit la « liberté » non pas comme la capacité d'une personne à agir sans être contrainte par la nécessité, ce qui est souvent la façon dont la liberté est définie, mais comme sa capacité à déterminer ses actions afin qu'elles soient en accord avec la nécessité. Ce faisant, elle s'aligne sur le rythme de la vie et veut que tout ce qui arrive. Comme l'une des choses qui constituent la vie, la douleur n'est pas seulement quelque chose qu'elle tolère mais c'est quelque chose qu'elle veut. Et vouloir la douleur - dans la mesure où c'est un aspect de la vie – n'est pas seulement un précurseur d'une bonne gestion de la douleur, mais c'est en fait la même chose que de bien la gérer. Souffrir activement, c'est être libre.

Je développe une série d'argumentation au cours de cinq chapitres. Dans le chapitre 2, j'examine le point de vue de Spinoza sur ce que cela signifie pour les humains d'exister dans le monde et comment ils peuvent connaître cette existence. En d'autres termes, j'examine ses systèmes de métaphysique et d'épistémologie. Mon objectif principal est de mettre en contexte à la fois sa théorie métaphysique du monisme corps-esprit et sa théorie épistémologique du parallélisme corps-esprit, puisque ces théories jouent un rôle important dans son approche de la douleur.

Dans le chapitre 3, j'examine les forces d'effort et d'émotion qui sous-tendent la vision de Spinoza de l'être humain. En d'autres termes, j'examine son système psychologique – les théories du conatus et des affects. Mon objectif premier est de mettre en contexte sa théorie de l'activité et de la passivité ainsi que celle concernant le pouvoir d'agir d'une chose, puisque cette théorie joue un rôle important dans son approche de la douleur.

Dans le chapitre 4, j'examine comment se produit l'affect spécifique *tristitia* (douleur) et ce que Spinoza considère comme étant à la fois le contexte et la qualité morale de cette expérience. En d'autres termes, j'examine à la fois la théorie contemporaine de la douleur et la manière dont la *tristitia* s'inscrit dans le système éthique de Spinoza.

Mon objectif principal est d'explorer à la fois l'identité de la « douleur » physique et psychologique « tristesse » et la conclusion de Spinoza quant à la qualité morale de la douleur.

Au chapitre 5, j'examine le sens dans lequel, selon Spinoza, il est possible pour une personne d'être libre même si tout arrive par nécessité. En d'autres termes, j'examine les doctrines de Spinoza sur le nécessitarisme et la liberté humaine. Mon objectif principal est de faire la lumière sur ses enseignements selon lesquels toutes les choses existantes sont interdépendantes et que les humains peuvent être libres, même au milieu de la douleur, en déterminant intérieurement leurs actions.

Au chapitre 6, j'examine l'enseignement de Spinoza selon lequel une personne devient libre au milieu de la douleur une fois qu'elle connaît à la fois sa nature et sa relation au monde. J'examine ses théories de la connaissance, les façons dont les connaissances rationnelles et intuitives sont à la fois similaires et différentes les unes des autres (en particulier en ce qui concerne la douleur), et les relations entre la connaissance, l'activité et la liberté. Mes objectifs dans ce chapitre sont de montrer que la connaissance des choses permet à une personne de gérer correctement la douleur (c'est-à-dire de souffrir activement) et que la connaissance intuitive des choses est la meilleure façon de lui permettre de le faire, ainsi que de montrer que la souffrance active est la même chose que d'être libre au milieu de la douleur.

Cette thèse est le résultat de ma tentative d'examiner un élément très spécifique de la philosophie de Spinoza - son enseignement sur la *tristitia* – et de montrer comment il s'inscrit dans *l'Éthique* dans son ensemble. C'est aussi le résultat de ma tentative de découvrir la meilleure façon pour une personne de gérer ses expériences de douleur. Bien que Spinoza n'aborde pas directement ce problème – du moins de la manière dont je l'ai formulé – une grande partie de ce qu'il écrit dans *l'Éthique* et ailleurs peut être utilisée pour le résoudre. J'ai l'intention que cette thèse soit une partie de la solution.

ÊTRE ET CONNAISSANCE

Le plus grand livre de Spinoza est *L'Éthique*, et il peut en effet être lu comme une sorte de manuel qui prouve quelle est la façon la plus logique pour les humains d'agir. Mais cela commence par la métaphysique et l'épistémologie sur lesquelles repose le système éthique de Spinoza – ainsi que sa psychologie, sa religion et sa politique. Il le fait parce que Spinoza ne pense pas qu'il soit possible d'offrir de telles preuves à moins qu'il n'ait d'abord été prouvé ce que c'est pour les humains d'exister dans le monde et comment ils peuvent savoir.

Comme je l'ai dit, ce n'est pas un problème pour Spinoza que les humains soient composés de corps aussi bien que d'esprit. En termes de souffrance, l'esprit d'une personne lui cause de la douleur autant que son corps. Comprendre l'approche de Spinoza à la souffrance humaine nécessite d'examiner la relation entre l'esprit et le corps et, en particulier, ce que Spinoza veut dire en disant que les deux ne font vraiment qu'un.

Dans ce chapitre, j'examine l'épine dorsale du système de Spinoza – ces deux parties sur lesquelles repose le reste de sa philosophie. J'examine en particulier ses enseignements sur la façon dont l'esprit et le corps sont liés l'un à l'autre.

En faisant cet examen, je regarde d'abord sa métaphysique ou sa théorie de Dieu. Cette discussion inclut la façon dont lui et ses contemporains (en particulier Descartes) voyaient la substance, la distinction entre dualisme et monisme (qui est divisé en différents types, y compris le monisme de substance de Spinoza), et l'opposition du conceptuel à l'indépendance ontologique. Il comprend également les façons dont Spinoza et Descartes définissent les attributs, combien d'attributs chaque penseur postule, et comment chacun pense que ces attributs sont liés les uns aux autres. Il comprend la définition des modes, l'identité de la substance ou « Dieu » avec le monde naturel, le rôle que joue le nécessitarisme dans la métaphysique modale de Spinoza et pourquoi la substance doit être auto-causée. Et cela inclut ce que Spinoza veut dire en disant qu'un mode est « en » Dieu.

Mon examen comprend également un regard sur l'épistémologie ou la théorie de la connaissance humaine de Spinoza. Cette discussion inclut son représentationnalisme, dans lequel la cause et l'essence d'une chose jouent des rôles vitaux, et l'opposition du dualisme ontologique au dualisme épistémologique. Il comprend également la théorie du parallélisme de Spinoza et son enseignement selon lequel mon esprit est l'idée de mon corps ainsi que sa définition d'un individu et la façon dont sa théorie des idées conduit à une version du panpsychisme. Et cela inclut l'enseignement de Spinoza sur les idées adéquates et inadéquates, comment elles s'appliquent à sa conception de la vérité, et la controverse parmi les érudits concernant le sens dans lequel les humains peuvent avoir des idées adéquates.

Cet essai porte sur l'approche active de Spinoza de la souffrance humaine, et la compréhension de sa métaphysique et de son épistémologie est essentielle à cette préoccupation. Il est tout aussi important de saisir la relation qu'il voit entre l'esprit et le corps. Mon but dans ce chapitre est de permettre au lecteur de faire ces choses.

1. La théorie de Dieu de Spinoza

Le concept de « Dieu » de Spinoza n'est pas un concept théologique basé sur la formation d'une relation personnelle avec un créateur transcendantal de l'univers. Il s'agit plutôt d'un concept philosophique basé sur l'atteinte d'une compréhension rationnelle de l'univers et de la place des humains dans celui-ci. Pour cette raison, saisir la nature du Dieu de Spinoza, c'est saisir son système de monisme de substance et les parties qui le composent : substance, attributs et modes.

a. Substance

Au centre de la philosophie au 17ème siècle était le problème de la relation entre l'esprit et le corps, et la façon dont un philosophe a résolu ce problème dépendait de son point de vue sur la nature de la substance. Les philosophes adhéraient soit au monisme, soit au dualisme. Christian von a utilisé pour la première fois le terme « monisme » pour identifier une façon de penser la réalité qui s'opposait au dualisme corps-esprit. Mais la pensée moniste remonte aux philosophes présocratiques, qui concevaient chacun la réalité comme consistant en une sorte de matière. En tant que système philosophique, le monisme enseigne que tout ce qui existe est fondamentalement soit un genre de choses (monisme attributif), soit une chose (monisme de substance). Des exemples de monisme attributif incluent l'idéalisme et le matérialisme, car les deux soutiennent que la réalité consiste en un seul type de choses (soit des choses mentales, soit des choses physiques). Spinoza était un moniste de la substance, car il enseignait qu'une seule substance existe et que cette substance est infinie. Leibniz était aussi un moniste, bien que du genre attributif. Il a soutenu que la réalité est composée de nombreuses substances simples et non étendues appelées « monades ».

Descartes, d'autre part, était un dualiste en ce qui concerne la nature de la substance. Pour lui, il n'existe que deux sortes de substance : l'une caractérisée par la pensée et l'autre caractérisée par l'extension. Les œuvres de Descartes avaient été largement lues au moment où Spinoza a commencé à écrire son *Éthique*. Ainsi, en développant sa théorie du monisme de substance, Spinoza a été fortement influencé par Descartes. En fait, il a été soutenu que la métaphysique de Spinoza est une continuation de Descartes et que

Descartes aurait été un moniste de substance s'il avait suivi ses propres prémisses jusqu'à leur conclusion logique. Bien que Descartes soit connu pour son dualisme et Spinoza pour son monisme, la théorie de la substance de Spinoza découle directement de son accord et de sa critique de la théorie de Descartes. Ils conviennent, par exemple, qu'une substance est indépendante de tout le reste. Une substance est pour Descartes « une chose qui existe de telle manière qu'elle ne dépend d'aucune autre chose pour son existence » (Principes 1-51). Spinoza est d'accord. « Par substance, dit-il, je comprends ce qui est en soi et ce qui se conçoit par lui-même, c'est-à-dire ce dont le concept n'exige pas le concept d'une autre chose, à partir de laquelle il doit être formé » (1d3). Selon ces définitions, une substance est quelque chose qui a une indépendance à la fois ontologique et conceptuelle. Il est ontologiquement indépendant en ce sens qu'il ne dépend de rien d'autre pour exister. C'est un « sujet métaphysique ultime ». Il est conceptuellement indépendant en ce sens qu'il est possible de penser (c.-à-d. le concevoir) sans penser à (c'est-à-dire concevoir) quoi que ce soit d'autre.

Pour Descartes et Spinoza, seul Dieu est à la fois ontologiquement et conceptuellement indépendant. « Il n'y a qu'une seule substance, dit Descartes, qui ne peut être comprise comme ne dépendant d'aucune autre chose, à savoir Dieu »[2]. Il poursuit en disant, cependant, qu'il est possible qu'une chose soit indépendante dans un sens et dépendante dans un autre. Il classe comme substance toute chose finie qui est conceptuellement indépendante des autres choses finies, même s'il considère que chaque chose finie dépend ontologiquement de Dieu. Nier que les choses finies sont des substances reviendrait à les caractériser comme des

---

[2] *Principes* I, 51

moyens pour que la substance dont elles dépendent existe. Puisque Descartes admet volontiers que Dieu est la substance dont dépendent les choses finies, nier que les choses finies sont des substances reviendrait à les considérer presque comme des versions de Dieu plutôt que comme la créature de Dieu. N'osant pas s'opposer aux doctrines traditionnelles du théisme, il se laisse la possibilité de dire que Dieu est l'une des nombreuses substances.

Mais Spinoza ose. Il rejette la proposition de Descartes selon laquelle une chose peut être indépendante dans un sens et dépendante dans un autre. Une substance doit être, pour lui, indépendante de toutes les manières possibles pour être indépendante. Puisque les choses finies dépendent de Dieu à la fois ontologiquement et conceptuellement (même si elles sont conceptuellement indépendantes des autres choses finies), elles ne peuvent pas être classées comme substances. Cela ne laisse qu'un seul candidat pour le rôle de substance. Cette substance est Dieu.

b. *Les attributs*

Un attribut, tant pour Descartes (*Principes I 51*) que pour Spinoza (*Eth. I, déf 4*), est cette caractéristique d'une chose qui lui est essentielle, qui en fait ce qu'elle est. Pour Descartes, il n'y a que deux attributs : la pensée et l'étendue. Il pense aussi que, puisqu'un attribut est l'essence d'une substance, chaque substance ne peut avoir qu'un seul attribut.

Se limiter ainsi pose un problème de Descartes. En pensant qu'il existe de nombreuses substances et que l'essence de chaque substance est soit la pensée soit l'extension, il doit comprendre comment les attributs indépendants de substances indépendantes peuvent interagir. Descartes continue à ce jour d'être connu pour son incapacité à offrir une réponse appropriée à cette question : comment est-il possible pour la substance avec le seul attribut de la pensée (c'est-à-dire un esprit) et la substance avec le seul attribut d'étendue (c'est-à-dire un corps) interagir les uns avec les autres ?

La réponse est simple, dit Spinoza : ils ne peuvent pas. Contre Descartes, il dit qu'il y a une infinité d'attributs, bien qu'un être humain ne puisse comprendre que la pensée et l'étendue. Et il soutient qu'une substance - la seule et unique substance, pour lui - peut avoir un nombre infini d'attributs. Spinoza est d'accord avec Descartes sur le fait que les attributs sont conceptuellement indépendants, mais rejette l'affirmation selon laquelle un attribut peut provoquer des changements dans un autre. Même si les humains pensent (c'est-à-dire conçoivent) la pensée comme indépendante de l'étendue (par exemple, mon esprit comme indépendant de mon corps), ils ne conçoivent pas deux attributs différents de deux substances différentes - comme le voudrait Descartes - mais deux dimensions différentes d'une même dimension substantielle.

Les attributs, dit Spinoza, sont les dimensions infinies de l'unique substance, de Dieu.

c. Modes

Parce que les êtres finis ne sont pas des substances, ils ne peuvent pas avoir d'attributs. Seul Dieu peut. Mais les attributs et les êtres finis sont étroitement liés en ce que les êtres finis sont des modes de la substance infinie. « Par mode, dit Spinoza, j'entends les affections d'une substance, ou ce qui est dans un autre par lequel il est aussi conçu »[3]. En d'autres termes, le mode d'une substance est la

____

[3] *Eth.* I, déf 5

manière dont cette substance existe. Qu'il y ait tellement d'êtres finis signifie qu'il y a tellement de façons dont Dieu existe. En termes d'indépendance, les modes sont à la fois ontologiquement et conceptuellement dépendants d'une substance ; ce sont des expressions d'attributs. Qu'ils soient signifiés qu'un mode est inhérent ou est un état de sa substance. Dire que les modes sont des états d'une substance, c'est simplement dire que ce sont des manières par lesquelles une substance exprime ses attributs.

Le Dieu de Spinoza, en tant que substance unique, n'est pas un être transcendant qui a créé le monde naturel ; il est le monde naturel (*Deus sive Natura*). Il est identique à la nature aussi bien dans sa forme active, substantielle (*natura naturans*) que dans sa forme passive, modale (*natura naturata*). Cette identité de Dieu et du monde naturel, dit Spinoza, est comme l'identité d'un triangle et de ses trois angles. Dieu exprime ses attributs à travers tout ce qui existe, des lois de l'univers (qu'il appelle "modes infinis et éternels") à tous les animaux, plantes et objets inorganiques (qu'il appelle "modes finis et temporels").

De la conclusion de Spinoza selon laquelle tout est identique à la substance unique, il s'ensuit que tout est interdépendant, c'est-à-dire que chaque chose détermine et est déterminée par l'autre chose. « Dans la nature, dit-il, il n'y a rien de contingent, mais toutes choses ont été déterminées par la nécessité de la nature divine d'exister et de produire un effet d'une certaine manière »[4].

Que tout soit à la fois cause et effet signifie que Dieu, la substance à laquelle tout est identique, existe nécessairement. Dire qu'il est nécessaire qu'une chose existe ou qu'elle ne pourrait pas ne pas

---

[4] *Eth.* I, Prop 29

exister, c'est dire qu'elle n'est causée par (c'est-à-dire n'est l'effet de) rien en dehors d'elle-même, qu'elle est auto-causée. Ayant montré à la fois que tout est identique à la substance unique et que tout est inter-dépendant, Spinoza a également montré que Dieu (c'est-à-dire la substance unique) existe nécessairement.

d. *Dépendance modale*

Il y a une controverse parmi les érudits sur la façon dont la substance (Dieu) se rapporte à ses modes (tout ce qui existe) ou sur ce que Spinoza veut dire en disant que « tout ce qui est, est en Dieu ». Selon une interprétation (parfois appelée « interprétation d'inhérence »), dire que les modes sont « en » Dieu, c'est dire qu'ils sont des états ou des propriétés de Dieu. Un corps étendu ou un esprit pensant est inhérent à Dieu dans le sens où chacun est une façon dont Dieu exprime l'un de ses attributs. Spinoza semble appuyer cette lecture lorsqu'il dit que « les choses particulières ne sont que des affections des attributs de Dieu, ou des modes par lesquels les attributs de Dieu s'expriment d'une manière certaine et déterminée »[5].

Cette lecture semble intuitivement correcte, mais elle pose des problèmes. Pierre Bayle, un contemporain de Spinoza, objectait que si tout ce qui existe était une propriété ou un état de Dieu, alors Dieu serait responsable de tout acte répréhensible. L'objection plus philosophique, qui va à la racine du problème posé par cette interprétation, porte sur ce que signifie être un état ou une propriété de Dieu. Si tout ce qui existe est un état ou une propriété de Dieu, alors comment quelque chose peut-il avoir – comme tout a clairement – ses propres états ou propriétés ?

---

[5] *Eth.* I, Prop 25 corollaire

Selon une autre interprétation (parfois appelée « interprétation causale »), dire que les modes sont « en » Dieu, c'est dire qu'ils sont causalement dépendants de Dieu. Un corps étendu ou un esprit pensant est inhérent à Dieu dans le sens où Dieu le fait exister. Spinoza semble étayer cette lecture lorsqu'il dit que « de la nécessité de la nature divine doivent découler une infinité de choses en une infinité de modes »[6].

Cette lecture met en évidence un aspect important de la manière dont la substance et les modes sont liés, mais elle néglige complètement l'interprétation de l'inhérence. Faire cela est un problème, car Spinoza dit clairement que Dieu exprime ses attributs à travers des modes, et non qu'il les fasse simplement exister :

---

[6] *Eth*, I, Prop 16

« Dieu est la cause immanente et non transitive de toutes choses »[7].

Ces deux interprétations sont partiellement correctes. Spinoza veut clairement dire par « tout ce qui est, est en Dieu » que les choses finies sont des états de Dieu et qu'elles dépendent causalement de Dieu. Selon une troisième interprétation, qui a été proposée par Michael Della Rocca, l'inhérence et la dépendance causale sont des exemples de dépendance conceptuelle. Selon cette lecture, l'inhérence est simplement une dépendance causale et, finalement, conceptuelle. Dire qu'une chose est inhérente à une autre, c'est dire qu'elle est conçue ou intelligible à partir de cette autre. C'est un moyen efficace de réunir les manières dominantes mais apparemment opposées d'interpréter Spinoza sur la dépendance modale. Parce que les humains sont les modes mis

____

[7] *Eth.* I, Prop 18

en avant dans cette thèse, leur relation avec le Dieu de Spinoza est pertinente.

2. La théorie de la connaissance humaine de Spinoza

L'objet de Spinoza en écrivant sur la connaissance humaine est de montrer aux gens la manière d'améliorer leur capacité naturelle de raisonnement. Son enseignement que tout est une substance donne naissance à cette théorie qui anticipe les débats contemporains sur le représentationalisme, le caractère scientifique de la psychologie et, ce qui nous préoccupe le plus ici, la relation entre l'esprit et le corps. Elle prend aussi comme point de départ à la fois l'accord et la critique de la philosophie de Descartes, et elle s'appuie – comme toute la pensée de Spinoza – sur le naturalisme.

a. Représentationnalisme

Pour Spinoza, au cœur de la connaissance que les humains ont de leur monde se trouve ce que l'on appelle maintenant le représentationalisme : la théorie selon laquelle, lorsqu'une personne perçoit quelque chose dans le monde extérieur, elle ne perçoit pas directement cette chose mais perçoit plutôt ses propres idées. – des représentations – de cette chose. Cela a un sens intuitif. Lorsque je regarde mon réveil, par exemple, je ne perçois pas ce qui s'y trouve réellement, mais plutôt les pensées et les sentiments que j'en ai. De plus, percevoir mon idée de « cela » signifie percevoir à la fois un effet et la cause de cet effet ; percevoir une chose de cette manière revient à percevoir son essence.

Étant donné le nécessitarisme de Spinoza, tout est l'effet d'autre chose.

Donc avoir l'idée d'une chose, c'est avoir l'idée d'un effet. Le PSR dicte que chaque effet a une cause. Ainsi, avoir l'idée ou la représentation d'une chose signifie en fait avoir l'idée ou la représentation de la cause de la chose. « Car l'idée de chaque chose causée, écrit Spinoza, dépend de la connaissance de la cause dont elle est l'effet »[8]. Il le répète dans une lettre à Tschirnhaus : « l'idée ou la définition de la chose doit exprimer sa cause efficiente »[9].

Une cause est cette caractéristique d'une chose qui la fait exister, qui la fait advenir. Il s'ensuit qu'avoir une idée de la cause d'une chose, c'est avoir une idée de ce qu'est fondamentalement cette chose et de ce qu'elle est capable de faire. Ainsi, représenter la cause d'une chose signifie représenter son essence même. L'essence d'une chose est pour cette raison ce trait

---

[8] *Eth.* II, Prop 7 dém
[9] *Correspondance* 60

qui la distingue de toute autre chose et qui rend impossible que deux choses partagent la même essence. C'est ce qu'on appelle « l'unicité des essences »[10] de Spinoza. Que les essences des choses soient uniques est, après tout, ce que cela signifie qu'il y ait deux choses en premier lieu.

Il est important de reconnaître que l'essence d'une chose est unique à cette chose, car, pour Spinoza, avoir une idée d'une chose, c'est avoir une idée de son essence. L'essence d'une chose est ce qui représente le plus parfaitement ce qu'elle est réellement et dont, pour cette raison, elle ne peut être séparée. C'est ce trait de la chose qui, de tous ses traits, réussit le mieux à l'expliquer, à la rendre intelligible et compréhensible. Demander pourquoi une chose a une essence particulière est aussi stupide que demander pourquoi les carrés ont quatre côtés égaux. Par "un

---

[10] *Eth.* II, déf 2

carré", on entend ou on entend son essence - le fait d'avoir quatre côtés égaux.

Il s'ensuit que le représentationalisme n'est pour Spinoza qu'une méthode pour s'expliquer ce que sont essentiellement les choses. Je regarde en ce moment mon petit chien, Atticus. Spinoza dirait que je ne vois pas réellement "Atticus" mais que je forme plutôt une représentation de ce qu'est essentiellement "Atticus". En d'autres termes, ce que je fais réellement quand je regarde Atticus, c'est de l'expliquer ou de le rendre compréhensible pour moi-même.

Parce qu'il pense que des actions comme la mienne doivent être décrites de cette manière, Spinoza est un dualiste. Il dirait qu'en regardant Atticus, je me fais une représentation mentale d'un objet physique. Mais le dualisme de Spinoza n'est pas du tout le même que celui de Descartes, il n'est pas ontologique. Les choses mentales, dit Descartes dans la

Méditation VI, sont séparées et distinctes des choses physiques. Comment les deux interagissent - comment, disons, je peux forcer mon bras à bouger - est un mystère pour lui.

Le dualisme de Spinoza, en revanche, est épistémologique. En termes d'ontologie, nous avons déjà vu qu'il est moniste. Ce point est important pour sa théorie de la relation corps-esprit. Une chose mentale et une chose physique, dit-il, ne sont en aucun cas des choses séparées et distinctes, mais sont en fait la même chose. Ce qui les différencie ne concerne pas la façon dont ils sont mais la façon dont ils sont connus. Les gens regardent juste une chose sous deux angles – un mental et un physique. C'est la façon dont les gens expliquent les choses qui est dualiste, pas les choses elles-mêmes. Bouger mon bras ne consiste pas en un acte mental et un acte physique. Il consiste en un seul acte, que les gens trouvent utile d'expliquer comme deux actes distincts.

b. *Le parallélisme et l'esprit comme idée du corps*

Le représentationalisme de Spinoza joue un rôle central dans l'explication de ce qui semble être – mais n'est pas vraiment – l'interaction entre l'esprit et le corps. Rappelons que, selon la théorie de Spinoza, je ne perçois pas la chose physique que nous appelons mon réveil mais plutôt mon idée de cette chose physique. Autrement dit, mon esprit n'a aucun lien avec les corps (choses physiques) mais seulement avec les idées (choses mentales). La théorie du représentationalisme de Spinoza est ainsi liée à sa théorie du parallélisme.

En termes géométriques, deux droites sont dites parallèles si elles ne se coupent ou ne se touchent en aucun point. La même règle s'applique, pour Spinoza, à la relation entre modes d'attributs différents. Il est, comme nous l'avons vu, impossible que le mode d'un attribut (par exemple la pensée) interagisse avec le mode d'un autre attribut (par exemple l'extension). Pourtant, le mode-pensée et le mode-extension agissent tous les deux et, bien qu'ils n'interagissent pas l'un avec l'autre, leurs actions se correspondent en fait. Leurs actions sont parallèles les unes aux autres. C'est ce que l'on appelle dans la littérature la « doctrine du parallélisme » de Spinoza : une pensée mentale (l'idée d'une chose) et un objet physique (la chose elle-même) n'agissent pas l'un sur l'autre mais plutôt en parallèle. « L'ordre et la connexion des idées, écrit Spinoza, est le même que l'ordre et la connexion des choses »[11]. Prenons comme exemple la façon dont mon bras bouge quand je le

---

[11] *Eth.* II, Prop 7

veux. Rappelez-vous que mon esprit et mon corps sont en fait la même chose, il n'y a donc aucune différence entre le mouvement corporel de mon bras et l'idée que mon esprit se forme de ce mouvement. C'est la raison pour laquelle cela n'a aucun sens de parler d'interaction entre l'esprit et le corps. Mais nous parlons d'épistémologie, pas d'ontologie. Et la meilleure façon d'expliquer le mouvement de mon bras est que mon esprit et mon corps agissent en parallèle. Qu'une personne ait une idée sur une chose (dans ce cas, une idée sur le mouvement de mon bras) ne signifie pas que l'idée ou la chose provoque l'existence de l'autre. L'existence de l'idée reflète parfaitement l'existence de la chose (et inversement), puisque chacun est en fait l'autre vu sous un angle différent.

Le parallélisme de Spinoza est lié à son enseignement selon lequel l'esprit – ce qui produit des idées – étant lui-même une idée : l'idée du corps. Selon cet enseignement, mon esprit, en tant que mode de pensée (et non une substance en soi), est une idée dans l'esprit de Dieu. Ainsi, toutes les idées ou représentations que je forme sont vraiment les idées ou représentations de Dieu. De plus, toute idée que mon esprit se forme concerne mon corps, comme l'écrit Spinoza dans la préface de la partie V de l'Éthique : « le pouvoir de l'esprit se définit par la seule compréhension ». Je ne perçois donc les choses extérieures que parce que ces choses affectent mon corps.

En d'autres termes, chaque fois que mon esprit forme une représentation de quelque chose (dont l'action est décrite comme mentale), mon corps effectue exactement la même action (désormais décrite comme physique). Ce que je me représente – vu d'un point de vue – comme mon esprit, alors, est vraiment ce que je me représente – vu d'un autre point de vue – comme mon corps. Disons que « je » suis quelque chose sans nom x. Spinoza dit que ce que j'appelle « mon esprit » et « mon corps » ne sont rien de plus que deux façons dont je me représente x.

Dire que quelque chose est à moi – dire que j'ai un esprit et un corps – dépend de mon être, ce que Spinoza appelle en *Eth.* II, déf 7 un « individu ». Un individu (aussi appelé « chose singulière ») est un ensemble de choses dont les membres se rejoignent pour produire certains effets. Un individu est donc un ensemble de choses, mais ces choses ne peuvent pas être isolées. Ils doivent former un tout dont les parties ne sont pas disparates mais unifiées autour de quelque chose. Les cellules qui composent un cœur humain, par exemple, sont réunies pour, unifiées autour, le pompage du sang.

Pour que mon esprit et mon corps soient miens, il faut qu'il y ait un « je » avec lequel ils soient identiques. Ce « je » ne peut donc pas être un ensemble disparate de choses. Il doit s'agir d'un individu, ce qui signifie que ses parties doivent être unifiées autour de quelque chose. Selon le parallélisme, ce qu'on appelle « mon esprit » est unifié autour de ce qu'on appelle « mon corps ». Je suis un individu, et mon esprit est unifié autour de l'idée de mon corps.

Du parallélisme de Spinoza et de l'enseignement que l'esprit est l'idée du corps découle de sa théorie du panpsychisme. Puisque je suis un mode de Dieu (c'est-à-dire de la Substance), à la fois x et toutes les représentations que mon esprit en forme sont en Dieu. Donc mon esprit (c'est-à-dire mon idée de mon corps) est aussi l'idée que Dieu a de mon corps. Cela signifie que la représentation de x comme « mon esprit » et « mon corps » est universelle. Tout comme tout a un corps, tout a aussi un esprit en d'autres termes, tous les modes ont des représentations mentales aussi bien que des représentations physiques. Et tout comme tous les modes sont en Dieu, il en est de même de toutes leurs représentations. Il s'ensuit que tout – que ce soit moi-même, mon petit chien ou mon imperméable – a un esprit (c'est-à-dire est conscient). Bien sûr, tout n'est pas conscient au même degré. Spinoza souligne en *Eth.* II, Prop 12 que, selon le parallélisme, l'esprit d'une personne perçoit tout ce qui se passe à l'intérieur de son corps, aussi infime soit-il.

Par exemple : malgré le fait qu'une personne perçoit tout ce qui se passe dans son corps, elle perçoit beaucoup plus le mouvement de son bras qu'elle ne perçoit la synthèse de protéines par son foie. De la même manière, bien que tout soit conscient, certaines choses sont plus conscientes que d'autres. Moi, par exemple, j'ai un plus grand degré de conscience que mon petit chien, qui en a un plus grand degré que mon imperméable.

c. *Idées adéquates et inadéquates*

Tout ce que Spinoza a dit de l'esprit humain – qu'il est par essence représentationnel, que ses actions sont parallèles à celles du corps humain, qu'il est lui-même l'idée de son corps et que ses fonctions sont dans une certaine mesure universelles – indique la distinction qu'il établit entre les idées adéquates et inadéquates. Ce qu'il entend par "adéquat" et "inadéquat" s'explique mieux en examinant à nouveau la façon dont une personne perçoit les objets qui lui sont extérieurs. Comme nous l'avons vu, Spinoza dit que mon esprit est l'idée de mon corps et que mon corps est la seule chose que mon esprit puisse percevoir. Je compte donc sur mon corps pour la perception de tout ce qui existe. Je perçois les objets extérieurs, dit-il, en percevant leurs effets sur mon corps. Mais il y a plus que cela.

Il poursuit en disant que je perçois plus clairement l'état de mon propre corps que celui d'un objet extérieur. Et il en est ainsi parce qu'une personne est naturellement plus « confuse » à propos de quelque chose qui se passe à l'extérieur d'elle qu'elle ne l'est à propos de quelque chose qui se passe à l'intérieur d'elle. Selon ses mots, les perceptions d'objets internes sont des "idées adéquates" tandis que les perceptions d'objets externes sont des "idées inadéquates". Pour qu'une chose soit adéquate (par opposition à inadéquate), elle doit être la cause complète d'elle-même (comme mon idée de mon corps) et ne peut dépendre d'autre chose.

La distinction est particulièrement importante, car Spinoza identifie les idées inadéquates avec le mensonge et les idées adéquates avec la vérité. Les idées inadéquates procèdent de la seule expérience sensorielle, elles ne peuvent donc pas offrir l'ordre et la surveillance de la raison.

Quelqu'un dont les connaissances sont insuffisantes a pour cette raison une fausse vision des choses et de leur fonctionnement. Les idées adéquates, cependant, procèdent d'une expérience sensorielle tempérée par la raison. Ainsi, une personne qui a une connaissance adéquate voit les choses telles qu'elles sont vraiment. Spinoza explique cette distinction en termes de trois types de connaissances : l'opinion, la raison et l'intuition. Le premier type, l'opinion, permet à une personne de ne connaître les choses qu'insuffisamment. Les deuxième et troisième types, la raison et l'intuition, permettent cependant à une personne de connaître les choses de manière adéquate. Nous examinerons de près les trois types de connaissances de Spinoza au chapitre 5.

d. *Le problème des idées adéquates*

Il existe une controverse parmi les savants quant à savoir s'il est possible ou non pour les humains d'avoir des idées adéquates. Michael Della Rocca, dans sa représentation et l'esprit-corps Problème chez Spinoza, articule une version de la position selon laquelle ce n'est pas possible. Il admet que Spinoza dit dans plus d'un passage qu'il est possible pour les humains d'avoir des idées adéquates. Mais ensuite, il affirme qu'il y a un problème : les exigences que Spinoza impose d'avoir des idées adéquates rendent impossible pour les humains de les avoir réellement. « Pour qu'une certaine idée que l'esprit humain doive être adéquate », écrit-il, « l'esprit humain doit inclure toutes les idées qui sont les antécédents causaux de cette idée. Comment l'esprit humain pourrait-il, dans un cas particulier, avoir toutes ces idées ?

Il y a deux problèmes avec cette position. La première est qu'elle ne considère pas que, selon Spinoza, il existe deux types distincts de modes : les modes finis et les modes infinis. Alors que les modes finis - parce qu'ils sont limités par la durée - ont une chaîne infinie d'antécédents causaux, les modes infinis - parce qu'ils ne sont pas limités par la durée - n'en ont pas. Il est donc possible pour les humains d'avoir des idées adéquates des notions communes et de l'essence de Dieu (qui sont toutes deux des modes infinis). Il est même possible pour les humains d'avoir des idées adéquates sur les essences des modes finis, puisque Spinoza dit que l'essence d'un mode fini est infinie (et n'est donc pas limitée par la durée).

Il semble logique de dire que les humains peuvent avoir des idées adéquates, et de nombreux chercheurs de Spinoza tiennent cette conclusion pour acquise sans voir la nécessité de la défendre directement. Eugene Marshall soutient même que l'adéquation est innée à l'esprit humain, car je ne peux pas percevoir un objet extérieur (une rondelle de hockey, pour utiliser son exemple) sans en avoir une connaissance de base (comme le mouvement et le repos). Ma perception de la rondelle ne me donne pas cette connaissance ; ce n'est que l'occasion d'appliquer des idées qui me sont innées. Indépendamment des doutes de certains chercheurs, Spinoza dit clairement que les humains peuvent avoir des idées adéquates. De plus, des parties importantes de sa philosophie reposent sur leur possession de cette capacité. Le problème des idées adéquates s'avère, je pense, ne pas être un problème du tout.

Je conclus que saisir les parties de la métaphysique et de l'épistémologie de Spinoza que j'ai présentées dans ce chapitre – en particulier sa vision de la relation entre l'esprit et le corps – est cruciale pour comprendre son argumentation sur la souffrance active. De plus, il est essentiel pour comprendre les points pertinents de sa théorie psychologique, qui fait l'objet du chapitre suivant.

EFFORTS ET SENTIMENTS

Ce que les humains doivent être et savoir cède la place à ce qu'ils doivent s'efforcer et ressentir. L'effort est plus particulièrement un prolongement de la métaphysique (de l'être) de Spinoza, et le sentiment est un prolongement de son épistémologie (du savoir). L'effort et le sentiment sont tous deux importants dans la manière dont les humains s'expriment. Pour cette raison, comprendre le système psychologique de Spinoza nécessite de comprendre ce que signifie s'efforcer et ressentir. Plus important encore est le fait que, pour Spinoza, les humains sont composés à la fois de corps et d'esprit. Comme je l'ai dit, c'est à la fois l'esprit et le corps d'une personne qui causent sa douleur. Il est donc nécessaire d'examiner la vision de Spinoza sur la relation entre l'esprit et le corps et, en particulier, la relation entre les affects et la cognition rationnelle.

Dans ce chapitre, nous examinons le système psychologique de Spinoza – ses théories du conatus et des affects – et me concentre plus particulièrement sur la relation pour lui entre la raison (traditionnellement associée à l'esprit) et les affects (traditionnellement associés au corps). Je regarde d'abord sa théorie du conatus. Premièrement, il affirme qu'il existe une parenté universelle : tout fait également partie de la nature, et les humains ne font pas exception.

Deuxièmement, ce qui est essentiel à toute chose, c'est qu'elle s'efforce de continuer à exister. Spinoza appelle cette caractéristique le conatus d'une chose et dit qu'elle reflète le pouvoir d'agir de la chose.

Ainsi, s'efforcer de persévérer dans l'être, ce n'est pas seulement maintenir le statu quo, c'est essayer sans cesse d'augmenter sa puissance d'agir. Troisièmement, le conatus se rapporte de manière surprenante à la conscience. Ce ne sont pas seulement des organismes avec de gros cerveaux ou des niveaux de conscience élevés qui s'engagent dans une telle activité. Ce sont tous les êtres vivants qui se représentent cet effort en termes à la fois de téléologie et de mécanisme. Je regarde ensuite sa théorie des affects. Premièrement, les affects sont pour Spinoza à la fois des émotions et des sentiments. Conformément à son parallélisme, les affects sont à la fois mentaux et physiques. Mais les humains les conçoivent comme relevant de deux catégories distinctes. Un affect sous la forme d'une sensation corporelle s'appelle couramment une émotion, et un affect sous la forme d'une représentation mentale s'appelle un sentiment. Deuxièmement, les affects, étant des manifestations du conatus d'une chose, reflètent sa puissance d'agir. D'une manière connexe (mais non identique), les affects sont soit actifs, soit passifs. Troisièmement, la raison peut transformer les affects de passifs en actifs en prenant la forme d'un affect, devenant la raison affective.

Il faut comprendre les arguments que je vais développer sur l'approche de la souffrance humaine chez Spinoza, il faut comprendre à la fois son système psychologique et l'aspect affectif de la relation entre l'esprit et le corps. Mon but dans ce chapitre est de permettre au lecteur de comprendre ces concepts.

1. Théorie de Conatus

Chaque être a en lui quelque chose qui le fait s'efforcer de continuer à exister. Cette observation résume brièvement la doctrine du conatus de Spinoza et est importante pour les besoins de cette thèse à deux égards. Tout d'abord, cela montre que se comporter de manière active fait partie de la nature de tout être. Deuxièmement, cela montre que les émotions humaines – y compris les émotions douloureuses – sont des manifestations de l'effort humain. Comprendre les deux applications de la doctrine du conatus de Spinoza est essentiel pour comprendre son enseignement sur la souffrance active.

a. *Parenté universelle*

Une conséquence logique du monisme de la substance est que tout se situe dans l'ordre naturel, c'est-à-dire que rien ne sort des limites de la nature. Spinoza décrit cette parenté universelle dans la préface de la partie III de son *Éthique* :

Les lois et les règles de la nature, selon lesquelles tout arrive et change d'une forme à une autre, sont toujours et partout les mêmes. Ainsi, la manière de comprendre la nature de toute chose, quelle qu'en soit la nature, doit également être la même, à savoir, à travers les lois universelles de la nature.

Cet essai porte sur l'approche spinoziste de la souffrance humaine. Afin d'aborder une question qui concerne spécifiquement les humains, cependant, il est nécessaire de reconnaître que, pour Spinoza, un être humain n'est qu'un mode parmi les nombreux modes exprimant les attributs d'une substance. Autrement dit, les humains ne sont pas différents du monde qui les entoure et ne font pas exception à ses règles[12] ; ils ne constituent

____

[12] Toujours dans la préface de la troisième partie, Spinoza dit qu'"ils [la plupart des auteurs sur les émotions] semblent concevoir l'homme comme étant situé dans la nature comme un règne à l'intérieur d'un règne : car ils croient qu'il perturbe plutôt qu'il ne suit l'ordre de la nature, qu'il a contrôle absolu sur ses actions, et qu'il est déterminé uniquement par lui-même." Kisner (2011) souligne que Spinoza fait référence dans le TP au « royaume dans un royaume » comme s'appliquant spécifiquement à la

qu'une partie du vaste système naturel et sont, avec ses autres habitants, soumis à sa gouvernance[13]. Leurs pairs sont les

---

liberté humaine. Beaucoup de gens pensent que les humains ne sont pas touchés par des causes finies et ne sont donc pas soumis à la nécessité. Nous examinerons le nécessitarisme de plus près dans un autre chapitre, mais pour l'instant je veux montrer que l'enseignement de Spinoza sur la parenté universelle porte sur sa discussion de la liberté humaine et donc sur son approche de la souffrance active.

[13] On prétend parfois que les humains sont plus importants que les autres êtres parce qu'ils possèdent certaines caractéristiques (par exemple, la raison, la conscience, la personnalité) dont les autres êtres sont entièrement dépourvus ou n'ont pas au même degré. Le point de Spinoza est que peu importe les caractéristiques d'un être particulier (comme un humain), parce que chaque caractéristique est une manifestation du conatus d'un être, qui est quelque chose que tout être possède. Ainsi, les humains ne sont pas plus importants que les autres êtres, car ils ne sont pas vraiment différents d'eux. Pour une discussion complète de la relation entre les

plantes, les minéraux, les animaux d'autres espèces, ainsi que les lois de la nature et de l'univers.

b. *Conatus et le pouvoir d'agir*

Nous avons dit que, pour Spinoza, tout a en soi quelque chose qui le fait s'efforcer de continuer à exister. La raison en est que ce quelque chose est l'essence de tout. Ainsi, en s'efforçant de continuer à exister, une chose fait simplement ce qui lui est le plus essentiel. Selon les termes de Spinoza, chaque type d'être mentionné ci-dessus – les humains, les autres animaux, les plantes, les minéraux, les lois naturelles – est un mode de Dieu et en tant que tel exprime l'essence de Dieu. Et dans l'essence de Dieu réside la puissance de Dieu[14]. Ainsi, dans son acte d'exprimer

----

humains et la doctrine Conatus de Spinoza, voir Lebuffe (2015).

[14] *Cf. Eth.* I, prop 34

l'essence de Dieu, chaque mode exprime en même temps la puissance de Dieu. L'essence ou la puissance de Dieu est ainsi identique à l'essence ou à la puissance des modes de Dieu. De plus, ce n'est pas simplement une caractéristique parmi de nombreuses caractéristiques que possède un être. En tant que principe par lequel un mode exprime l'essence de Dieu[15], il constitue aussi l'essence du mode. L'essence de tout mode se manifeste comme ce que Spinoza appelle un conatus de mode.

L'étymologie de conatus éclaire son sens et sa fonction dans la philosophie de Spinoza. « Conatus » est un participe passif parfait qui dérive du verbe latin *conor* (qui signifie « s'efforcer ») et a été utilisé pour la première fois (avec le grec *hormē*) par les philosophes hellénistiques pour indiquer le mouvement de l'âme vers un objet et l'état physique qui résulte de ce

---

[15] *Cf. Eth.* III, prop 7

mouvement. Utilisé par les penseurs à travers les histoires de la métaphysique et de la physique, le conatus a été traduit en anglais par effort, effort, impulsion, inclination, tendance, entreprise et effort. Descartes a modernisé le concept et l'a utilisé pour désigner dans un sens purement physique la tendance d'un objet à persévérer dans l'existence. Hobbes l'a fait aussi. Spinoza, ne considérant pas (comme Descartes) l'esprit comme séparé des autres objets physiques, l'a appliqué aux émotions humaines en particulier et à la psychologie de chaque être en général. Il le décrit ainsi : « Chaque chose, autant qu'elle le peut par sa propre puissance, s'efforce de persévérer dans son être »[16].

Il est important de reconnaître que s'efforcer de continuer à exister ou de persévérer dans l'être porte en soi un effort pour améliorer cette existence ou cet être. En d'autres termes, s'efforcer d'exister

---

[16] *Eth.* III, Prop 6

n'est pas séparé de s'efforcer d'améliorer cette existence. Au contraire, s'efforcer d'améliorer l'existence *est ce que signifie* s'efforcer d'exister[17]. Exister ou « persévérer dans l'être » équivaut en quelque sorte à ne pas être détruit. Mais ne pas être détruit n'est pas une réalisation simple et directe. Pour qu'une chose existe, elle doit faire plus que maintenir le statu quo. Elle doit avoir l'ambition intérieure de l'emporter contre vents et marées et de s'améliorer de plus en plus. C'est pourquoi je dis « s'efforcer de *continuer* à exister » et

---

[17] Un problème dans la compréhension de ce point découle de la pensée que s'efforcer de survivre signifie quelque chose de différent et inférieur à s'efforcer de vivre (pour améliorer sa vie). Un exemple est le film WALL-E, dans lequel le commandant du vaisseau spatial dit : "Je ne veux pas survivre. Je veux vivre." Ce qu'il veut dire est héroïque, mais il utilise les mauvais mots. La nature de la vie rend impossible que "survivre" et "vivre" aient des significations différentes. Je ne peux pas essayer de survivre sans en même temps essayer de vivre. Voir Yovel (2001).

pourquoi Spinoza dit « s'efforcer de *persévérer* dans l'existence ».

Le conatus d'une chose n'est donc pas son effort pour maintenir le statu quo mais plutôt son effort pour s'améliorer. Une autre façon de décrire le conatus d'un être est un effort constant pour pouvoir accomplir de plus en plus d'activités. Selon les termes de Spinoza, en s'efforçant de persévérer dans son être, une chose s'efforce d'accroître sa puissance d'agir. Il agit (ou est actif) lorsqu'il produit un effet par ses propres capacités. Son pouvoir d'agir est sa capacité à être cause d'effets. Cette capacité, ce pouvoir d'agir, fait partie de ce que signifie être[18]. En tant que tel,

------

[18] Ce que Spinoza appelle "conatus", Schopenhauer appelle "la volonté de vie" (der Wille zum Leben) et Nietzsche appelle "la volonté de puissance" (der Wille zur Macht). Comme pour l'effort d'exister et l'effort d'amélioration de l'existence, les trois sont inséparables : avoir un conatus équivaut à avoir une volonté de vivre, qui équivaut à avoir une volonté d'augmenter sa

Spinoza assimile le pouvoir d'agir d'un être à son bonheur et à son épanouissement. Une augmentation ou une diminution de la puissance d'un être est la même chose qu'il devient plus ou moins heureux.

c. *Conatus et Conscience*

Il semble que s'efforcer de persévérer dans l'être ou de continuer à exister (et d'améliorer cette existence) devrait exiger un haut niveau de conscience. Sinon, comment un être peut-il savoir ce qui lui permettra de survivre et de prospérer ainsi qu'où il doit aller et ce qu'il doit faire pour atteindre ces objectifs ? En réalité, ces buts sont automatiques pour chaque être, de même que les moyens qu'il emploie pour

---

puissance. Egyed (2007) avance un argument similaire mais souligne également que Schopenhauer nie cette volonté alors que Spinoza et Nietzsche l'affirment.

les réaliser. Pour persévérer dans son être, une chose n'a pas besoin d'être consciente ou même de posséder une sorte de cerveau. Il n'a qu'à s'efforcer. Que tout ait en soi cette tendance à lutter, on peut le voir même dans les organismes les plus simples, comme la paramécie. Le neuroscientifique Antonio Damasio demande à ses lecteurs d'imaginer cet organisme unicellulaire nageant dans son bain. Bien qu'il n'ait pas de cerveau, il détecte et évite les dangers en localisant les meilleurs nutriments disponibles. Tout être vivant, précise-t-il, s'adonne à ce qui est au fond le même comportement : « la détection de la présence d'un objet ou d'un événement qui recommande l'évitement et l'évasion ou l'approbation et l'approche »[19]. La

---

[19] Tout ce qui existe - de mon réfrigérateur à un banc de parc en passant par la pierre posée au milieu de la route - est, fondamentalement parlant, un être vivant. C'est-à-dire que tout est composé de particules qui sont en elles-mêmes des êtres vivants. Tout est donc caractérisé par

capacité à adopter un tel comportement n'est pas enseignée aux organismes, mais leur est génétiquement ancrée. Cela, dit-il, « montre que la nature s'est longtemps préoccupée de fournir aux organismes vivants les moyens de réguler et de maintenir leur vie automatiquement, sans poser de questions, sans réfléchir »[20].

Parce que cet effort est inhérent et automatique, il n'exige la possession ni de la conscience ni même d'un cerveau. On peut donc dire qu'une paramécie ou un pissenlit ou un grain de sable s'efforce de persévérer dans son être. De nombreux êtres possèdent bien sûr des cerveaux,

le conatus de Spinoza et ne peut donc s'empêcher de s'efforcer de persévérer dans son être. Cet enseignement et d'autres semblables, Spinoza a été influent dans le mouvement de l'écologie profonde. Pour une discussion sur le lien entre la pensée spinoziste et la pensée écologique, voir Naess (1977). Pour une alternative vue, voir Kober (2013).

[20] *Idem*

dont certains sont assez compliqués. Mais elles manifestent, non moins que la paramécie, les caractéristiques fondamentales de l'ambition intérieure : identification des choses qu'il convient d'éviter ou d'approcher.

On pourrait objecter que les êtres dotés de cerveaux compliqués font beaucoup plus que détecter et éviter le danger dans le processus de localisation des nutriments. Bien que cela semble être le cas, cependant, ce n'est vrai que superficiellement. Derrière les aventures amoureuses, les démonstrations d'agressivité ou de peur, et les disputes de toutes sortes dans lesquelles se livrent ces êtres compliqués, se cache le même effort qui se cache derrière les actions de chaque être. Chez les humains, qui possèdent des cerveaux très compliqués, cela motive tout, des courses politiques aux découvertes scientifiques en passant par les œuvres d'art.

d. *Conatus et téléologie*

Une question importante dans la philosophie du XVIIe siècle était de savoir s'il fallait donner aux actions des êtres une explication téléologique ou mécaniste. Les êtres accomplissent-ils une action en vue d'atteindre une fin (cause finale de l'action) ou parce qu'ils sont assemblés de telle manière que leurs parties accomplissent l'action en question (cause efficiente de l'action). Mécaniste ferme, Descartes rejette les causes finales dans toute la philosophie naturelle. En revanche, Leibniz pense que tout peut s'expliquer de deux manières : à la fois en termes de causalité efficiente et en termes de causalité finale.

Spinoza rejette clairement une explication téléologique du monde naturel. Dieu ou Nature n'agit pas pour atteindre une fin mais simplement parce que c'est ainsi que la Nature est assemblée. Mais il y a une controverse parmi les chercheurs concernant la mesure dans laquelle Spinoza rejette l'explication téléologique. Son rejet de la providence divine implique-t-il un rejet de toute explication téléologique, y compris à la fois la téléologie irréfléchie (la doctrine aristotélicienne selon laquelle tous les êtres vivants poursuivent des fins, même s'ils ne les choisissent pas rationnellement) et la téléologie réfléchie (l'idée que les actions humaines sont intentionnelles) ?

Certains chercheurs – notamment Bennett (1983) – affirment que c'est le cas. Selon lui, l'argument du conatus de Spinoza ne suggère pas que les humains (et tous les autres êtres) s'efforcent de persévérer dans l'être, mais que leur effort est simplement une conséquence de la façon dont leurs parties sont organisées. Bennett cite la réduction par Spinoza des actions humaines au concept d'appétit biologique. Une personne ne traverse pas plus la pièce pour aller chercher un verre d'eau que les leviers d'une montre ne fonctionnent ensemble pour indiquer l'heure exacte. Les humains agissent, tout comme les montres, parce que c'est ainsi que les humains sont assemblés. Toutes les actions humaines, dit Bennett, doivent être comprises de manière mécaniste et non téléologique : nous faisons ce que nous faisons parce que, étant donné le nécessitarisme de Spinoza, il nous est impossible de ne pas le faire.

D'autres chercheurs – notamment Garrett (1999) – soutiennent que le rejet par Spinoza de la téléologie divine n'implique pas un rejet de toute explication téléologique. La preuve que Spinoza considère l'action humaine comme orientée vers un but, dit Garrett, c'est-à-dire dans des déclarations informelles ainsi que dans la structure de sa psychologie morale. De plus, il soutient que Spinoza utilise le concept d'appétit pour expliquer l'ordonnancement correct d'un récit téléologique de l'action humaine. La fin d'une personne en traversant la pièce n'est pas le verre d'eau lui-même mais sa représentation de celui-ci (son idée, par exemple, qu'il étanchera sa soif). Puisqu'elle se produit avant plutôt qu'après l'action, cette version spinoziste d'une fin s'explique en termes mécanistes. Cette explication de l'ordre correct d'un récit téléologique, dit Garrett, s'applique à l'argument du conatus de Spinoza. L'objet de l'effort est la représentation de la persévérance dans l'être, qui peut, parce qu'elle précède l'effort, s'expliquer mécaniquement.

Que Spinoza caractérise l'effort humain (et l'effort de tous les autres êtres) en termes mécanistes ou téléologiques n'est pas seulement important pour l'interprétation de son argument du conatus mais aussi pour les interprétations de son ontologie et de sa psychologie morale. Il me semble cependant qu'il n'y a pas vraiment de différence importante entre les deux interprétations. Les êtres poursuivent des fins (que ce soit de manière réfléchie ou non), et ils le font parce que c'est ainsi qu'ils sont assemblés. Cette unification de la causalité efficiente et finale n'est pas nouvelle, et son développement par Spinoza - le plus évidemment dans sa doctrine du parallélisme - a été reconnu par d'autres chercheurs.

2. Théorie des Affects

La théorie des affects de Spinoza est la pièce maîtresse de sa psychologie. Bien que des penseurs antérieurs tels que Descartes, Hobbes et les stoïciens l'aient influencé dans la formation de cette théorie, il est, contrairement à eux, déterminé à considérer les sentiments et les émotions des humains - leurs affects - comme faisant partie de la nature et comme régis par ses lois et par une nécessité des relations causales. Conformément à ce point de vue, il considère les affects comme des expressions de l'effort humain pour persévérer dans l'existence.

a. Affects en tant que sentiments et émotions

Un effet, dit Spinoza dans Déf. 3 de la partie 3 de *l'Éthique*, est deux choses. D'abord, c'est quelque chose qui fait que « la puissance d'action du corps est augmentée ou diminuée, aidée ou restreinte ». Cela signifie qu'un affect se rapporte à un mode sous l'attribut d'extension (c'est-à-dire à un corps). Un affect est aussi « l'idée de » ce quelque chose. Cela signifie qu'un affect se rapporte à un mode sous l'attribut de la pensée (c'est-à-dire à un esprit). Je ressens donc un affect lorsque mon corps subit un changement de pouvoir et que mon esprit se fait simultanément une idée de cet événement de changement de pouvoir. En d'autres termes, « *l'affect* » pourrait faire référence soit à une sensation corporelle, soit à une représentation mentale de cette sensation. Le parallélisme de Spinoza dicte que ces deux manières de conceptualiser « *l'affect* » – comme mental ou physique – sont en fait une seule manière : un affect est à la fois mental et physique.

Ce que Spinoza appelle « *affect* » est généralement appelé à la fois « *sentiment* » et « *émotion* ». Le terme courant en psychologie pour une sensation corporelle est « émotion », qui est une réponse à un événement extérieur. Les émotions se produisent dans les régions sous-corticales du cerveau d'une personne et modifient son état physique en envoyant des messages biochimiques à son corps. Le terme pour une représentation mentale de celui-ci est « sentiment », qui est la réponse d'une personne à son émotion qui se produit dans les régions néocorticales de son cerveau.

Un sentiment est l'idée ou la représentation de l'esprit de l'état émotionnel dans lequel se trouve le corps à un moment donné.

En conséquence de cette relation représentationnelle, les émotions précèdent les sentiments. Vivre quelque chose amène une personne à réagir émotionnellement, puis à ressentir ses émotions. Si je mange une cuillerée de glace à la menthe et aux pépites de chocolat, par exemple, mon corps sera dans un état de plaisir (comme en témoignent les endorphines qui se précipitent vers mon cerveau, le sourire qui apparaît sur mon visage et de nombreux autres états émotionnels de mon corps - visible aussi bien que pas si visible). Après les émotions de plaisir de mon corps, il y a les représentations de ces émotions dans mon esprit : mes sentiments de joie.

Les affects de Spinoza correspondent à l'esprit et au corps de la même manière que les sentiments et les émotions. Comme le montrent clairement les trois affects primaires – joie (*laetitia*), tristesse (*tristitia*) et désir (*cupiditas*), un affect pour lui est l'effort du corps avec la conscience de l'esprit de l'effort. Il en va de même pour les quarante-huit autres affects dont il parle, comme l'amour, la haine et le désir. Ce sont toutes des combinaisons des trois principaux avec l'influence d'un état cognitif. Voyons un exemple de la façon dont un affect combine les actions de l'esprit et du corps. Lorsque je m'efforce d'atteindre quelque chose (effort du corps qu'il appelle "l'appétit"), je suis, en fonction d'un certain nombre de facteurs, plus ou moins susceptible d'atteindre mon objectif. Si je suis conscient que je fais des efforts (efforts de l'esprit qu'il appelle « désir »), tout change. Cela devient alors mon désir d'atteindre mon objectif, et cela « plus ou moins vraisemblablement » se transforme en une profusion de sentiments et d'émotions.

b. *Affects et pouvoir d'agir : actifs et passifs*

Rappelez-vous de la section 2.1 que le conatus d'un être peut être défini comme son effort pour augmenter son pouvoir d'agir (c'est-à-dire pour améliorer sa capacité à accomplir des activités). Les affects sont des manifestations de cet effort. Il est possible de regarder une personne (et avec plus d'efforts vers n'importe quel autre être) et de dire, en fonction de l'affect qu'elle manifeste, soit « son pouvoir d'agir augmente », soit « son pouvoir d'agir diminue ». Le fait que les affects soient des manifestations de l'effort d'une personne est ce qui les relie à son pouvoir d'agir. Une autre façon de dire que le pouvoir d'agir d'une personne est augmenté plutôt que diminué est de dire qu'elle est plus active et moins passive. Elle est maintenant mieux en mesure d'agir par elle-même (plus active) sans compter sur quoi que ce soit d'extérieur (moins passive). Il en est de même pour un affect. Elle est plus active si elle permet à la personne qui la vit de ressentir les choses par elle-même et plus passive si elle l'amène à s'appuyer sur d'autres choses pour déterminer ce qu'elle ressent. Par exemple, je ressens une joie passive lorsque je regarde un coucher de soleil, parce que le coucher du soleil est ce qui (en partie) me fait ressentir la joie affective. Lorsque je me fais ressentir de la joie (c'est-à-dire que je ne la ressens pas à cause du coucher du soleil ou de tout autre événement extérieur à moi), j'éprouve une joie active. En d'autres termes, le fait qu'un affect soit actif ou passif dépend de la manière dont il influence le pouvoir d'agir d'une personne. Plus elle augmente sa puissance d'action (c'est-à-dire plus elle lui permet de devenir puissante), plus elle est active. Plus elle diminue sa puissance d'action (c'est-à-dire moins elle la rend puissante), plus elle est passive.

Cette relation entre la puissance d'une personne et son degré d'activité soulève ce qu'on appelle parfois « le problème de la joie passive ». Selon Spinoza, une chose est passive si ses actions sont déterminées par des causes extérieures et se caractérise par la joie si sa puissance d'agir est augmentée. Comme je l'ai dit, l'activité/passivité d'une chose est liée à une augmentation/diminution de sa puissance mais ne lui est pas identique. Compte tenu de ces définitions, il ne semble pas problématique qu'une chose soit à la fois passive et caractérisée par la joie. Encore certains savants ne pensent pas il est. Ils soutiennent que, si l'action d'une chose est déterminée par une cause extérieure, la puissance d'action de cette chose ne peut pas subir d'augmentation. Seule une chose dont les actions sont déterminées par sa propre puissance – une chose active – peut, prétendent-ils, subir une augmentation de sa puissance d'agir.

La résolution de cette controverse dépend de quelque chose de plus profond qu'une controverse sur la façon de définir un affect particulier ; il aborde l'une des principales questions de cette thèse, qui est de savoir si la passivité humaine doit être considérée sous un jour positif ou négatif. J'approfondirai cette question au chapitre 5.

La plupart des affects dont parle Spinoza sont passifs, car la plupart des sentiments et des émotions d'une personne sont causés par des stimuli externes. Malgré ce fait, certains chercheurs décrivent les affects passifs comme mauvais et les affects actifs comme bons. L'une des raisons pour cela est que Spinoza catégorise l'activité avec l'adéquation et la passivité avec l'insuffisance. Une raison plus importante est qu'il identifie clairement le fait d'être gouverné par les affects passifs (ou « passions ») avec le fait d'être dans un état de servitude. Pourtant je ne pense pas que Spinoza accorde plus de valeur aux affects actifs qu'aux affects passifs ou qu'il considère les affects passifs comme mauvais. Il le dit clairement dans la préface de la partie 3, où il contredit ceux qui disent que ce que les humains ressentent et expriment « est contraire à la nature et est vain, absurde et horrifiant ». Il soutient plutôt que « dans la nature, rien ne se passe qui puisse être attribué à sa défectuosité », qu'avoir des émotions et des sentiments est une partie naturelle d'être humain, et que les humains devraient chercher à les comprendre à travers « les lois et règles universelles de la Nature ».

c. *Raison affective*

La distinction de Spinoza entre les affects actifs et passifs est particulièrement importante lorsqu'il s'agit de sa discussion sur ce que les savants appellent la « raison affective ». Spinoza précise qu'il entend traiter les affects de la même manière rationnelle et « géométrique » qu'il traite tout le reste dans sa philosophie. Mais qu'est-ce que cela signifie exactement ? Selon certains chercheurs, Spinoza souligne que la raison a la capacité de transformer des affects passifs et inadéquats en affects actifs et adéquats. D'autres chercheurs soutiennent que, puisque Spinoza pense que les affects sont trop puissants pour être modifiés par la raison, un traitement rationnel des affects signifie que les humains devraient éliminer leurs passions autant que possible.

Ce débat sur le rôle de la raison dans les affects me paraît insensé. Bien sûr, Spinoza dit que les affects sont trop puissants pour être modifiés par la raison. Il ne suggère cependant jamais que les humains devraient transformer leurs affects en étudiant la physique théorique ! C'est-à-dire que le simple fait de raisonner sur quelque chose – en particulier quelque chose qui n'est pas lié aux affects – n'est pas suffisant en soi pour transformer les affects. Comme l'écrit Lloyd, « l'essentiel est que la raison interagisse avec ce que l'esprit subit actuellement »[21]. L'argument de Spinoza est que ce n'est qu'un autre affect – et non la raison elle-même – qui est assez puissant pour transformer les affects. Autrement dit, la raison influence les affects en prenant la forme d'un affect. La raison devient ainsi ce que j'aime appeler de la « compréhension incarnée ».

Cette convergence de la rationalité et de l'affectivité, souligne Lloyd, se retrouve dans le traitement que fait Spinoza de « cette forme insaisissable de joie » qu'il appelle hilaritas. Selon elle, c'est un exemple de « plaisir réfléchi » ou de « plaisir de la raison ». En d'autres termes,

---

[21] *Part of Nature: Self-Knowledge in Spinoza's Ethics*, p. 56

l'hilaritas représente la raison prenant la forme d'un affect et acquérant ainsi la capacité de transformer les passions en affects actifs.

Il convient de noter ici que la transformation rationnelle des passions chez Spinoza est tout à fait différente de la manière de les traiter chez Descartes. Rappelez-vous du chapitre 1 que Descartes introduit un mécanisme appelé « la volonté » comme moyen pour l'esprit d'interagir de manière causale avec le corps. En imposant ses diktats aux actions du corps, dit-il, cette volonté rationnelle libère une personne de la tyrannie de ses passions. Encore rappelle la différence depuis position de Spinoza. Pour Spinoza, il n'y a pas de « volonté » intermédiaire entre l'esprit et le corps. Ma « volonté » que quelque chose se produise n'est en réalité que la formation par mon esprit d'une idée ou d'une représentation de ce qui se passe. Au lieu d'une volonté rationnelle imposant ses diktats à un corps irrationnel, Spinoza voit un esprit former des représentations qui reflètent les actions affectives du corps[22]. En d'autres termes, la raison n'est pas une force extérieure au corps qui contrecarre les actions. Au contraire, le mental faisant partie du physique, la raison travaille avec le corps (en parallèle, en fait) pour comprendre ses actions. C'est en comprenant ces actions – et non en les contrant – que la raison devient une compréhension incarnée et permet ainsi à une personne de devenir libre.

J'en conclus que saisir les parties de la psychologie de Spinoza que j'ai présentées dans ce chapitre – en particulier l'aspect affectif de la relation entre l'esprit et le corps – est crucial pour comprendre son argumentation sur la souffrance active. De plus, il est essentiel de comprendre les points pertinents concernant

---

[22] *Eth.* II, Prop 49

l'affect qu'il appelle *tristitia*, qui fait l'objet
du chapitre suivant.

DOULEUR ET TRISTESSE

Connaître la nature de l'effort et du sentiment aide une personne à savoir ce qu'est la douleur et comment elle fonctionne. Bien sûr, tout le monde sait ce que c'est que de ressentir de la douleur. Mais ce n'est pas ce que je veux dire. Je veux dire une connaissance de la nature de la douleur, de son fonctionnement dans le corps, de ses causes et de ses effets, de la façon dont les gens la perçoivent ct la conceptualisent, de sa place dans le champ de l'éthique. Cette connaissance de la douleur est très différente de la connaissance expérientielle de celle-ci. Spinoza enseigne que ce n'est qu'en acquérant une telle connaissance théorique - et non simplement expérimentale - de la douleur, qui est l'affect qu'il appelle *tristitia*, qu'une personne peut s'en libérer. Mon but dans ce chapitre est donc de fournir les connaissances théoriques dont elle a besoin.

Dans ce chapitre, j'examine à la fois la théorie contemporaine prédominante de la douleur et la théorie de la douleur de Spinoza. Les débats sur le fait que la douleur est une représentation qu'une personne forme des dommages subis par son corps sont au premier plan de la théorie contemporaine. Une partie importante de ce processus est appelée « *nociception* », qui a lieu avant que le cerveau d'une personne ne se rende compte qu'elle a ressenti de la douleur. En raison de la complexité de l'expérience de la douleur, il est impossible de séparer la douleur physique de la douleur psychologique. Les deux sont en fait identiques ; Spinoza dirait qu'ils travaillent en parallèle. La manière dont les gens au cours de la période prémoderne percevaient la douleur ainsi que la manière dont les penseurs de l'époque ont développé la théorie de la douleur sont importantes pour la propre théorie de Spinoza. Des penseurs tels que Descartes et Hobbes ainsi que des philosophes anciens comme les stoïciens et Aristote sont généralement reconnus pour avoir influencé Spinoza dans son travail sur la douleur, en particulier sa taxonomie. Spinoza évalue également la douleur en fonction de son système éthique et démontre l'obligation morale d'une personne envers elle-même, envers les autres et envers les autres êtres.

1. Théorie contemporaine

Les humains ont longtemps essayé de comprendre ce qu'est la douleur et comment elle fonctionne, mais ce n'est qu'au cours des cinquante dernières années que l'expérience de la douleur d'une personne a été comprise comme une représentation neurologique d'un dommage psychologique ou physique. Des sujets d'étude encore plus récents – dans des domaines tels que la philosophie, la psychologie, les neurosciences, la biologie et la médecine - sont la relation entre la douleur physique et psychologique ainsi que la façon dont la perception de la douleur par une personne affecte son expérience.

a. La douleur comme représentation

Rappelez-vous du chapitre 1 que le représentationalisme est la théorie selon laquelle, lorsqu'une personne perçoit quelque chose dans le monde extérieur, elle ne perçoit pas directement cette chose, mais perçoit plutôt ses propres idées – représentations – de cette chose. Cette théorie s'applique à la douleur dans la mesure où la douleur elle-même n'existe pas dans la nature. Il n'existe dans la nature qu'un "quelque chose" qui arrive aux organismes et les rend moins capables de faire des choses. Les organismes en question éprouvent – se représentent – ce « quelque chose » comme douleur. Ressentir de la douleur est de cette façon similaire à regarder un objet comme un réveil : je ne perçois pas ce qui est réellement là, mais plutôt les pensées et les sentiments que j'ai à son sujet.

Dans le cas de la douleur, ce « quoi que ce soit qui soit réellement là » (c'est-à-dire la chose que représente la douleur) est ce que l'Association internationale pour l'étude de la douleur identifie comme « lésion des tissus ». Elle définit la douleur comme une « expérience sensorielle et émotionnelle désagréable associée à des lésions tissulaires réelles ou potentielles, ou décrite en termes de telles lésions ». Cependant, la façon dont une personne se représente cette lésion tissulaire constitue sa propre idée, un concept formé dans son propre esprit.

Cela ne veut pas dire que la représentation qu'une personne a de sa douleur reste une représentation même si elle n'a pas d'être dans la réalité. Prenons les cas de douleur du membre fantôme ou de douleur référée. Une personne peut ressentir de la douleur dans son bras gauche même si elle n'a pas de bras gauche ou si elle a subi des dommages à une autre partie de son corps. Ce sont des cas d'hallucination ou d'illusion, pas de représentation. Bien que les représentations soient par nature différentes des choses qu'elles représentent, les concepts mentaux trompeurs ou inexacts ne sont pas du tout des représentations.

De plus, le fait que la douleur soit de nature représentative est conforme au bon sens. On dit souvent que la douleur est le signal d'alarme du corps, un drapeau qui alerte une personne sur le fait que quelque chose ne va pas. Un signal ou un drapeau est une chose qui représente quelque chose d'autre, même si percevoir le signal lui-même est très différent de percevoir la chose qu'il représente. Il en est ainsi de la douleur, qui est une sensation subjective qui ne sert qu'à représenter objectivement quelque chose qui a mal tourné dans le corps.

b. *Processus de nociception*

Les neuroscientifiques appellent le processus par lequel le cerveau d'une personne se rend compte (en recevant des informations neurales) qu'elle a subi des lésions tissulaires "nociception". Une autre partie de son cerveau transforme ensuite cette réalisation en une expérience subjective que nous appelons « douleur ». De cette façon, une personne se représente les lésions tissulaires comme une douleur. Si je me foule la cheville, par exemple, je subis des lésions tissulaires, ce qui diminue ma capacité à faire des choses. Ce qui est réellement arrivé à mon corps semble très simple. Mais la prise de conscience de mon corps de ce qui s'est passé, et l'expérience résultant de la transformation de ma prise de conscience de mon entorse à la cheville en douleur, est beaucoup plus compliquée.

Le physiologiste Craig C. Freudenrich explique dans un article de 2013 sur le fonctionnement de la douleur qu'il y a quatre étapes impliquées dans le processus de nociception : 1) contact avec un stimulus (ou des stimuli), 2) réception, 3) transmission et 4) centre de la douleur. Un stimulus peut être mécanique (un type de pression ou de perforation) ou chimique (un type de brûlure). Le stimulus dans le cas de ma cheville est un type de pression qui provoque la déchirure du ligament. Une terminaison nerveuse détecte cette blessure, après quoi elle envoie un signal - via mes nerfs - de mon pied à mon système nerveux central. Une fois sur place, le signal est traité par divers neurones du cerveau, produisant la sensation appelée « douleur ».

Les nerfs qui envoient un signal lorsque je perçois un changement ordinaire de lumière, de pression ou de température sont d'un type différent de ceux qui envoient un signal lorsque je ressens de la douleur. Dans de tels cas de changement ordinaire, les nerfs au travail sont appelés « récepteurs somatiques normaux ». Cependant, lorsque je ressens de la douleur, les nerfs qui envoient le signal sont appelés "nocicepteurs". Il existe trois types de nocicepteurs, dont la principale différence réside dans la vitesse à laquelle ils envoient le signal "douleur" au cerveau. La douleur que je ressens lorsque je me foule la cheville pour la première fois est si vive qu'elle me fait crier. Le type de nocicepteur le plus rapide est au travail. Il est suivi par ses compatriotes plus lents, qui me font mal au pied à des degrés divers au cours des prochains mois.

Ces nocicepteurs, en train de faire comprendre au corps qu'une partie de celui-ci a subi des dommages et d'envoyer ensuite le signal "douleur" à mon cerveau, voyagent vers le haut à travers différents segments de ma moelle épinière et y forment des synapses (connexions) avec les neurones. (Il convient de préciser ici, étant donné qu'il y a souvent confusion sur la localisation exacte d'une douleur, qu'un nocicepteur ne se borne pas à synapser avec un autre neurone uniquement sur le segment qu'il parcourt. Il peut synapser plusieurs segments au-dessus ou au-dessous Pour cette raison, s'il est assez facile dans le cas d'une entorse de la cheville de localiser exactement la source de la douleur, il est dans bien d'autres cas plus difficile.) À ce stade, les nocicepteurs ont atteint mon tronc cérébral et alerté mon corps au fait que quelque chose ne va pas.

Je ne ressens pas de « douleur » jusqu'à ce que les nocicepteurs atteignent les niveaux supérieurs de mon cerveau. Ici, un nocicepteur synapse généralement avec les neurones de la moelle épinière (la zone du cerveau qui contrôle les réactions physiques) et le cortex somatosensoriel (la zone qui contrôle certains comportements physiques). Cependant, il n'y a pas de domaine unique qui soit « responsable » de la douleur ; selon la nature de la douleur, les nocicepteurs synapsent avec une variété de neurones dans tout mon cerveau. Lorsque je me foule la cheville, ce sont pour la plupart des nocicepteurs en synapse avec les neurones de mon insula antérieure et de mon cortex cingulaire antérieur qui provoquent la rétraction rapide de mon pied et des contractions involontaires. De cette façon, le corps d'une personne se rend compte qu'une partie de celui-ci a subi des lésions tissulaires, puis transforme ces lésions en expérience de douleur. Pourtant, il y a d'autres facteurs impliqués dans la production de cette expérience.

c. *Identité de la douleur physique et de la tristesse psychologique*

Il devrait être évident maintenant que la douleur est un événement complexe. Cela implique non seulement des facteurs physiques (par exemple le processus de nociception décrit ci-dessus dans le cas de mon entorse à la cheville) mais aussi psychologiques. Ces facteurs psychologiques sont appelés dans la littérature sur la théorie de la douleur « influences modulatrices » sur la douleur et incluent des éléments tels que la peur, l'anxiété et le stress.

En plus d'utiliser des nocicepteurs pour m'alerter du fait que j'ai subi des lésions tissulaires, je réagis d'autres façons à une entorse à la cheville. Par exemple, je crie, pleure et deviens rouge. Je me sens aussi triste, inquiet et effrayé. Nous qualifions généralement ces réactions de « physiques » ou de « psychologiques ». (Le processus de nociception serait également qualifié de "physique", mais, comme il s'agit d'une cause nécessaire à la douleur ressentie par une personne et qu'elle ne peut pas être perçue extérieurement comme le font les cris, les pleurs et le rougissement, il n'est généralement pas considéré comme un "réaction" du tout.) On pourrait dire que crier, pleurer et devenir rouge sont des réactions physiques, tandis que se sentir triste, inquiet et effrayé sont des réactions psychologiques. Mais la vérité est que nous ne pouvons pas séparer nos réactions à la douleur en petites catégories bien nettes, car chaque réaction est mélangée et dépendante des autres. Cela rend impossible de dire quelle réaction appartient à quelle catégorie. Comment distinguer les cris du sentiment de tristesse ou de peur ? Ou vous vous sentez inquiet de devenir rouge ? De plus, les humains éprouvent de très nombreuses autres émotions et sentiments. Comment distinguer l'un d'eux d'un autre ? Ce n'est pas possible. En train de faire quelque chose d'aussi évident que de me fouler la cheville, j'ai mis en mouvement une multitude de sentiments et d'émotions mélangés. Nos réactions affectives à l'expérience de la douleur ne peuvent pas être divisées en "physique" et "psychologique".

Il y a une très bonne raison pour laquelle ils ne peuvent pas l'être. Les expériences humaines ne peuvent pas être divisées en physiques et psychologiques parce que les humains eux-mêmes ne peuvent pas être divisés en corps et esprit. Comme Spinoza l'a souligné il y a plus de trois cents ans, l'esprit et le corps - le physique et le psychologique - sont identiques. Et ils n'interagissent pas. Ce n'est pas le cas, par exemple, que l'esprit ressente de la douleur et incite ensuite le corps à l'émettre. Au contraire, comme Spinoza l'a également souligné, l'esprit et le corps travaillent en parallèle. Il n'y a vraiment qu'une seule unité qui ressent la douleur : le corps-esprit, si vous voulez. Ce corps-esprit éprouve de la douleur et exprime ensuite cette douleur de diverses manières. Certaines de ces façons que les humains trouvent pratique d'appeler "physiques" et d'autres « psychologique ». Mais les deux sont en réalité des expressions d'une unité.

Ce phénomène du corps et de l'esprit travaillant en parallèle - ce que Spinoza appelait "parallélisme" - est évident dans la vie quotidienne. Ce n'est pas seulement le cas que mon corps et mon esprit (c'est-à-dire à la fois physiques et psychologiques) réagissent à la douleur physique provoquée par une entorse à la cheville. C'est aussi le cas qu'ils réagissent tous les deux à la douleur psychologique, comme celle de la rupture avec mon copain. Certaines personnes pensent que la douleur de ce type n'est pas « réelle », peut-être parce que sa cause et son fonctionnement ne sont pas aussi simples que dans le cas d'une entorse à la cheville. Pourtant, rompre avec mon petit ami n'est pas moins douloureux – et parfois même plus douloureux – que me fouler la cheville.

Bien sûr, la douleur est caractérisée par un monisme ontologique mais un dualisme conceptuel. En d'autres termes, la douleur est la même chose, qu'elle s'applique à l'esprit ou au corps, mais il est plus facile de la comprendre et d'en parler si elle est séparée en physique et psychologique. Pour cette raison, j'ai fait la distinction entre la douleur liée à l'entorse de la cheville et la douleur liée à la rupture avec mon petit ami. En réalité, cependant, il n'y a pas de différence entre l'expérience corporelle de la douleur et l'expérience mentale de celle-ci. Le psychologue Alan Fogel (2012) écrit que "notre corps utilise un seul système neuronal pour détecter et ressentir la douleur, que [cette douleur] soit physique ou psychologique". Il n'y a pour le corps d'un organisme aucune différence entre ressentir la douleur comme une émotion physique ou comme un sentiment psychologique. Même s'il est plus facile de parler et de comprendre la douleur si elle est séparée en physique et psychologique, c'est néanmoins une chose. Pourtant, cette seule chose elle-même est, comme je l'ai souligné, à peine simple et directe. La douleur est une perception complexe et multidimensionnelle qui varie en qualité, force, durée, localisation et désagrément. La complexité de la douleur est évidente dans le fait que les voies neuronales utilisées dans le processus de nociception sont très différentes de celles utilisées dans le processus d'éprouver de la douleur. De plus, la façon dont une personne ressent la douleur – la « perçoit », comme le disent les spécialistes de la théorie de la douleur – est sujette à des différences de sexe, d'ethnie, de personnalité et de niveau socio-économique. Ces différences n'affectent pas seulement les rapports sur la douleur - la façon dont les gens disent qu'ils ressentent de la douleur. Ils affectent en fait la façon dont le corps d'une personne subit la douleur.

2. La théorie de la douleur de Spinoza

Il y avait très peu de compréhension au début de la période moderne sur ce qu'était la douleur et comment elle fonctionnait. Malgré le fait que Spinoza ait pensé et écrit pendant cette période, sa théorie de la douleur - de la *tristitia* - partage des similitudes remarquables avec les théories contemporaines. La théorie de

Spinoza comprend une évaluation de la nature de la douleur en termes d'éthique, qui traite à la fois des questions concernant la bonté/méchanceté de la douleur et des obligations morales qu'elle implique.

a. La perception moderne de la douleur

Les médecins, les scientifiques et les philosophes avant et pendant l'époque moderne en savaient très peu sur ce qu'était la douleur et comment elle fonctionnait. D'une part, ils pensaient que seuls les humains pouvaient ressentir de la douleur et ne considéraient pas que les animaux non humains étaient également sensibles. Cette pensée était probablement due à l'enseignement de l'Église selon lequel les humains étaient la seule partie significative de la nature et que seules leurs actions avaient un sens. De plus, les gens étaient confus quant à la cause de la douleur. Ils pensaient qu'une personne éprouvait de la douleur à cause des mauvais esprits, comme punition de Dieu, ou parce que ses « fluides vitaux » étaient déséquilibrés. Le pire de tout était peut-être l'ignorance du fonctionnement de base de la douleur. On pensait que c'était une passion de « l'âme » plutôt qu'une sensation du corps (y compris l'esprit), et sa source était supposée être le cœur plutôt que le cerveau.

Les choses ont commencé à changer en 1644 avec la publication des Principes de philosophie de Descartes. Dans ce document, il a discuté de la douleur du membre fantôme et s'est rendu compte que la douleur en question était réelle et non imaginaire. Plus important encore, il a émis l'hypothèse que la douleur était une sensation ressentie par le cerveau plutôt que par le membre lui-même. En supposant, cependant, que l'esprit devait interagir avec le corps pour que la douleur soit ressentie, il a introduit une "âme" ou des "esprits animaux" - fonctionnant via la tristement célèbre glande pinéale - comme moyen de leur interaction.

Passions de l'âme de Descartes ont été publiés en 1996 et son *Traité de l'homme* en 2018, et ils ont révolutionné les études sur la physiologie et la théorie de la douleur. La chose la plus importante qu'ils ont faite a été d'inciter les gens à considérer le corps comme une sorte de machine. Descartes considérait à tort la douleur comme un moyen de dysfonctionnement de cette machine (et pas seulement comme un signal qu'elle l'avait fait), mais il avait raison de théoriser que la douleur était transmise par les fibres nerveuses (les neurones n'avaient pas encore été découverts) au cerveau. L'image qu'il a peinte dans ce livre du fonctionnement fondamental de la douleur est devenue célèbre dans de nombreux cercles universitaires. L'image était celle d'un marteau frappant la main d'un homme. Il imagina un tube creux partant de la main de l'homme et relié à une cloche dans son cerveau. Lorsque le marteau frappait la main de l'homme, écrivit-il, le message "douleur" traversait le tube et faisait sonner la cloche. L'image de Descartes a démontré que la source de la douleur se trouvait dans le cerveau plutôt que dans le cœur et que les actions corporelles étaient mécaniques et prévisibles. Cela signifiait que les questions concernant la nature de la douleur et la façon dont une personne la ressent ne devaient plus être "répondues" par des charlatans et des mystiques religieux mais par des scientifiques.

Mais cela signifiait également que les sentiments et les émotions d'une personne (traditionnellement attribués au corps) n'avaient rien à voir avec ses processus cognitifs (traditionnellement attribués à l'esprit). Comme l'explique Damasio dans son livre de 2010 *L'Erreur de*

Descartes, les sentiments et les émotions d'une personne sont en fait essentiels au fonctionnement de ses processus cognitifs. Elle ne peut pas raisonner sans eux. De plus, le fait qu'ils travaillent en parallèle est la clé pour comprendre des choses telles que la conscience et l'individualité. Ainsi, malgré ses importantes contributions à la théorie de la douleur, Descartes a laissé un impact négatif sur une grande partie de la communauté universitaire en séparant l'esprit du corps.

b. *Influences et taxonomie de Spinoza*

Spinoza n'a pas écrit sur le fonctionnement de la douleur dans le corps humain, comme l'avaient fait Descartes et d'autres philosophes avant lui. Après tout, le but de l'Ethique était de montrer aux lecteurs que mener une vie éthique s'apparentait à mener une vie rationnelle. Analyser le rôle joué par les affects dans une telle vie était important, mais analyser leur fonctionnement technique ne l'était pas. Pour cette raison, les écrits de Spinoza sur la douleur étaient exclusivement théoriques.

Avant de commencer à discuter des affects, Spinoza souligne que personne ne les a jamais traités comme il s'apprête à le faire. Et il a raison. Plus précisément, Spinoza est unique - en ce qui concerne ses prédécesseurs - dans la façon dont il enseigne aux gens à gérer leurs expériences de la douleur. Mais d'autres philosophes l'ont influencé dans le développement de cet enseignement. Le plus influent, bien sûr, était Descartes, qui, comme nous l'avons vu, a écrit de manière prolifique sur la douleur. Bien qu'il soit probable que Spinoza connaissait les écrits de Descartes sur la physiologie de la douleur, il ne les a pas commentés. Néanmoins, il était clairement conscient de la découverte de Descartes selon laquelle le cerveau d'une personne contrôlait ses expériences de douleur. Cette prise de conscience se reflète dans le fait qu'il considérait la *tristitia* (ainsi que tous les autres affects) comme étant en partie une représentation ou une idée formée par l'esprit. En ce sens, la théorie de Spinoza sur la douleur s'apparente à la théorie contemporaine dont nous avons parlé plus haut.

Spinoza s'est éloigné de Descartes en affirmant que l'esprit et le corps d'une personne travaillaient en parallèle pour produire son expérience de la douleur. Un point de départ connexe, qui a déjà été mentionné et sera discuté plus en détail plus tard, était l'enseignement de Descartes selon lequel l'esprit peut avoir un contrôle absolu sur les passions (qu'il attribuait au corps), en particulier sur les douloureuses. L'enseignement de Spinoza était tout le contraire. Parce qu'il n'a pas séparé l'esprit du corps, il n'aurait même pas considéré possible que l'un puisse avoir le contrôle sur l'autre. Les passions étaient pour lui à la fois physiques et mentales, et il soutenait qu'une passion ne pouvait être contrôlée que par une autre passion.

En tenant cela, Spinoza s'opposait non seulement à Descartes mais aussi aux stoïciens. Il est vrai que Spinoza et les stoïciens traitaient les affects de manière rationnelle, mais ils différaient fortement sur ce que signifiait cela. Selon l'interprétation traditionnelle, les stoïciens pensaient que traiter rationnellement les affects signifiait les éliminer autant que possible. Faire face à la douleur revenait à la mettre de côté et à se forcer à agir comme si elle n'était pas vraiment en faire l'expérience. Spinoza, au contraire, pensait qu'il s'agissait d'utiliser la raison pour transformer des affects passifs en affects actifs. Comme nous le verrons plus en détail plus tard, Spinoza a enseigné qu'une personne doit faire face à la douleur en s'y engageant et en se mettant ainsi dans une meilleure condition émotionnelle.

La douleur ainsi que les affects qui en découlent étaient au premier rang des passions que Spinoza pensait devoir transformer. Ces dérivés comprenaient des affects tels que la colère, la haine, la peur, l'envie et le mépris. Il ne semble pas tout à fait juste que des affects tels que ceux-ci, en particulier ceux comme la haine et l'envie, dérivent de la douleur. Après tout, nous nous sentons généralement désolés pour les personnes qui souffrent, mais nous désapprouvons fortement ceux qui détestent ou envient les autres. C'est peut-être parce que nous considérons que la personne qui souffre est la victime de sa douleur, mais que la personne qui est haïe ou enviée (plutôt que celle qui la déteste ou l'envie) est la victime de la haine ou de l'envie. Mais ce n'est pas exact. Bien sûr, les actions qu'une personne commet à cause de la haine victimisent souvent d'autres personnes. Mais ces mêmes actions, ainsi que l'affect qui les suscite, victimisent également la personne qui les déteste. En fait, Spinoza pense que, parce que tout ce que nous faisons est soumis à la nécessité (y compris les affects douloureux que nous éprouvons), la personne qui hait est tout autant une victime que la personne qui est haïe. Cela ne veut pas dire qu'une telle personne doive être prise en pitié, puisque, comme nous le verrons, Spinoza souligne que la pitié n'est qu'un autre affect douloureux. Nous examinerons de plus près la relation entre la douleur et le nécessitarisme de Spinoza dans le chapitre suivant. Pour l'instant, il suffit d'observer que Spinoza était fondé à affirmer que des affects tels que la haine et l'envie dérivent de la douleur.

Un autre affect dérivé de la douleur, qui victimise à la fois le sujet et l'objet, est la pitié. « La pitié », écrit Spinoza, « est la douleur avec l'idée de quelque chose de mal qui est arrivé à quelqu'un que nous imaginons comme nous »[23]. La pitié est un dérivé de la douleur. Comme nous le verrons, Spinoza pense que la douleur étant une diminution de notre pouvoir d'agir, il ne faut pas chercher à l'éprouver. On pense parfois qu'une personne doit se sentir désolée pour les autres afin de les aider. La pensée de Spinoza est cependant tout à fait à l'opposé. « La pitié chez un homme qui vit conformément aux conseils de la raison est en soi mauvaise et inutile »[24]. Se sentir désolé pour les autres, ce qui revient à ressentir le même type de douleur qu'eux, diminue la capacité d'une personne à les aider de manière calme, rationnelle et efficace. Même si ce n'était pas le cas, cela n'aurait toujours pas de sens qu'une personne ressente de la douleur simplement parce qu'une autre personne en souffre. De plus, comme

---

[23] *Eth.* III, def 58

[24] *Eth.* IV, Prop 50

Nietzsche - dont les vues sur la pitié ont été clairement influencées par Spinoza - l'a souligné, la pitié par sa nature éloigne les gens les uns des autres et force la personne à plaindre dans une position inférieure à celle de la personne qui fait pitié. Par exemple, il est impossible que deux naufragés aient pitié l'un de l'autre, car ils sont tous les deux dans la même situation.

Si j'ai donné un échantillon au lieu d'une taxonomie précise des affects dérivés de la douleur, c'est que c'est précisément ce que fait Spinoza. En fait, son traitement anarchique s'étend à tous les affects. Cela peut sembler étrange, étant donné la manière méticuleuse avec laquelle Spinoza organise toutes les autres parties de son système philosophique. Pourtant, il déclare dans la préface de la partie 3 qu'il vise dans cette partie et les suivantes « à déterminer les pouvoirs des affects et le pouvoir de l'esprit sur les affects ». Pour cela, « il suffit d'avoir une définition générale de chaque affect »[25], ou « pour n'énumérer que les principaux affects »[26]. Sa raison de ne fournir que des définitions générales ? « D'après ce qui a déjà été dit, écrit-il, je crois qu'il est clair pour tout le monde que les différents affects peuvent être composés les uns des autres de tant de manières, et que tant de variations peuvent résulter de cette composition qu'elles ne peuvent être définies par n'importe quel nombre »[27]. Selon Spinoza, il n'est ni possible ni nécessaire de donner une taxonomie précise des affects, y compris ceux qui dérivent de la douleur.

---

[25] *Eth.* III, Prop 56 scolie
[26] *Eth.* III, Prop 59 scolie
[27] *Idem*

c. *L'évaluation éthique de la douleur de Spinoza*

Comme nous l'avons vu à plusieurs reprises, la douleur est pour Spinoza une diminution du pouvoir d'agir d'un être. Et, puisqu'il assimile la puissance d'un être à son bonheur et à son épanouissement, il est également vrai que la douleur rend les êtres moins heureux et moins épanouis. Cela signifie, pour Spinoza, que la douleur est mauvaise. La raison pour laquelle cela signifie cela est que Spinoza est à la fois un égoïste éthique et psychologique. C'est un égoïste éthique en pensant que chaque être ne doit rechercher que son propre avantage, et c'est un égoïste psychologique en pensant que chaque être ne peut rechercher que son propre avantage.

La position de Spinoza implique qu'une chose est bonne ou mauvaise pour un être selon que cette chose s'accorde ou non avec la nature de cet être. La douleur est mauvaise pour une personne parce qu'elle va contre sa nature. Il n'est pas naturel pour une personne d'éprouver de la douleur. Néanmoins, dit Spinoza, tous les êtres évaluent les choses de leur propre point de vue. Un gland, par exemple, acquiert différentes qualités éthiques lorsqu'on l'examine de différents points de vue. Je peux le juger mauvais s'il me tombe sur la tête ; un écureuil peut le juger bon s'il est comestible ; un autre animal peut le juger indifférent. Pourtant, il est également vrai que chaque perspective est arbitraire, car elle ne définit pas le bien et le mal indépendamment des perspectives individuelles.

Dire qu'une chose doit s'accorder avec la nature d'un être est la seule façon non arbitraire, sans perspective, purement rationnelle de définir le bien et le mal. C'est la raison pour laquelle Spinoza écrit que « la vertu n'est rien d'autre qu'agir selon les lois de sa propre nature »[28]. Étant donné que chaque être s'efforce par sa nature d'augmenter son pouvoir d'agir et, ce faisant, d'être plus heureux et plus épanoui, la bonté est justement cet effort. Alors Spinoza écrit : « Par bien ici j'entends toute sorte de joie, et tout ce qui y conduit »[29]. Evaluer les choses en fonction de ce qu'elles sont en elles-mêmes évite de leur imposer des normes externes et arbitraires. Mes actions sont bonnes si elles m'aident à augmenter mon pouvoir d'agir (c'est-à-dire à persévérer dans mon être) et mauvaises si elles ne m'aident pas. (Il n'y a pas de différence ici entre « ne pas aider » et « blesser ». Si une action ne m'aide pas à persévérer dans mon être, elle fait le contraire.) En effet, n'importe quoi – un gland, un écureuil, même moi-même – est bon dans la mesure où il est puissant et mauvais dans

---

[28] *Eth.* IV, Prop 18 scolie
[29] Eth. III, Prop 39 scolie

la mesure où il ne l'est pas. Ressentir la douleur me rend faible et impuissant. C'est juste une autre façon de dire que la douleur est mauvaise.

Si une chose s'accorde avec ma nature et augmente ainsi mon pouvoir d'action - si c'est une bonne chose - alors je suis moralement obligé de la poursuivre. Le poursuivre est la bonne chose à faire. Spinoza affirme que la nature de tout être humain est, comme nous l'avons vu, de raisonner sur les choses, de les comprendre, de s'en faire des idées adéquates. Faire ces choses augmente le pouvoir d'agir d'une personne, c'est-à-dire que cela la rend plus heureuse et plus épanouie. Il s'ensuit que les humains sont moralement obligés d'être rationnels. Raisonner sur des choses est la bonne chose à faire. Comme nous l'avons vu au chapitre 1 et que nous reverrons au chapitre 5, le meilleur type de choses sur lesquelles raisonner - ou plutôt la meilleure façon de raisonner sur des choses – relève de la catégorie du troisième type de connaissances.

Ce discours sur l'obligation morale et la justesse dans le contexte de la poursuite de son propre avantage semble étrange. Cela sonne ainsi parce que les gens ont l'habitude de penser qu'ils doivent aider les autres et que servir les intérêts des autres est la bonne chose à faire. Et c'est ainsi. Selon Spinoza, il est juste d'aider les autres et de servir leurs intérêts. Faire ces choses fait partie de ce que signifie être rationnel. Servir les intérêts des autres est ainsi une conséquence naturelle de la poursuite de son propre intérêt (c'est-à-dire d'être rationnel). En d'autres termes, Spinoza n'enseigne pas aux gens à être altruiste malgré le fait qu'il soit égoïste mais plutôt à cause de ce fait.

Il y a une autre façon dont servir les intérêts des autres est une conséquence de la poursuite de son propre intérêt.

Puisque Spinoza soutient qu'il est dans l'intérêt de chacun d'être rationnel, il s'ensuit que je poursuis mon propre intérêt chaque fois que j'agis rationnellement. Mais ce n'est pas tout ce que je fais. Si être rationnel est dans l'intérêt de tous, cela ne peut pas être seulement dans mon intérêt, mais doit être dans l'intérêt de toutes les autres personnes également. Ainsi, chaque fois que mon être rationnel entraîne le fait que les autres sont rationnels, je poursuis en fait nos deux intérêts en même temps. Spinoza dit que cela arrive tout le temps. « Il n'y a rien de singulier dans la nature qui soit plus utile à l'homme », écrit-il, « qu'un homme qui vit selon la direction de la raison »[30]. Je rends les autres rationnels simplement en étant moi-même rationnel. Et, parce que rendre les autres rationnels revient en fait à être rationnel moi-même, on peut dire que je

____

[30] *Eth.* IV, Prop 35 corollaire 1

suis moralement obligé de rendre les autres rationnels.

Mon obligation morale s'étend au-delà des autres humains. Spinoza écrit dans le même corollaire que « ce qui est le plus utile à l'homme est ce qui s'accorde le plus avec sa nature... ». La catégorie ceux qui partagent ma nature inclut la catégorie ceux qui sont rationnels, donc ceux qui partagent ma nature comprend les autres membres de mon espèce, Homo sapiens. Je dois donc agir rationnellement envers ces membres. Mais "ceux qui partagent ma nature" n'inclut pas seulement les autres humains. C'est parce qu'en plus d'être rationnel, je suis aussi un être vivant. En tant que tel, je partage une nature non seulement avec tous les humains mais aussi avec tous les autres animaux, tous les végétaux et tous les minéraux. C'est un point majeur de la métaphysique de Spinoza : les humains sont des modes comme tous les autres et ne constituent pas un « royaume dans un royaume ». C'est aussi une partie cruciale de sa doctrine du conatus et de son panpsychisme. Parce qu'il est dans mon intérêt – je suis moralement obligé – d'agir rationnellement envers ceux qui partagent ma nature, et parce que je partage ma nature avec tous les êtres vivants, il s'ensuit que je suis moralement obligé d'agir rationnellement envers tous les êtres vivants. Selon Spinoza, cela fait partie de ce que signifie vivre « selon les conseils de la raison ».

L'obligation morale d'une personne envers elle-même, envers les autres et envers les autres êtres vivants se rapporte à la façon dont elle doit gérer la douleur. Comme nous l'avons vu, Spinoza soutient que, parce que la douleur est une diminution du pouvoir d'agir d'un être (et donc quelque chose qui le rend moins heureux et moins épanoui), il s'ensuit que la douleur est mauvaise. Ainsi, les êtres ne devraient pas chercher à éprouver de la douleur. Cette directive vise vraiment les êtres humains, puisqu'ils sont les seuls être connus pour agir contre leur nature. Donc les humains ne devraient pas chercher à éprouver de la douleur. Ils ne devraient pas non plus chercher à ce que d'autres personnes ou d'autres êtres éprouvent de la douleur. Cela signifie évidemment qu'ils ne doivent pas infliger de douleur à d'autres êtres. Mais cela signifie aussi qu'ils doivent aider d'autres êtres lorsque ces êtres ressentent de la douleur et qu'ils doivent empêcher d'autres êtres de ressentir de la douleur chaque fois qu'il est possible de le faire. Ils devraient faire ces choses parce que les faire fait partie de ce que signifie agir rationnellement et parce qu'agir rationnellement est dans leur intérêt. Mais qu'en est-il de la douleur qui ne peut être évitée, aidée ou prévenue ? Chaque personne doit faire face à sa propre expérience d'une telle douleur. Spinoza propose une manière rationnelle de le faire, que nous examinerons de près au chapitre 5. Pour l'instant, il suffit de souligner que la gestion de la douleur est différente lorsqu'une personne doit la subir - lorsqu'elle ne peut être évitée et lorsque personne d'autre peut lui permettre de ne pas en faire l'expérience.

Je conclus que saisir les aspects de la théorie de la douleur dont j'ai discuté dans ce chapitre – à la fois la théorie contemporaine prédominante et le traitement par Spinoza de l'affect appelé *tristitia* – est crucial pour comprendre son argument sur la souffrance active. De plus, ils sont essentiels pour comprendre les points pertinents concernant le nécessitarisme de Spinoza et son rapport à la liberté humaine, qui font l'objet du chapitre suivant.

NECESSITE ET LIBERTE

Savoir ce que signifie éprouver de la douleur et de la tristesse permet à une personne de saisir à la fois la nature de la nécessité et le fait qu'il existe des liens nécessaires entre toutes choses, qui sont les concepts sous-jacents à la théorie de la liberté de Spinoza. On pense souvent que la nécessité est le contraire de la liberté, mais c'est loin d'être le cas. Le but de ce chapitre est de montrer non seulement qu'il est possible d'être libre même si tout arrive nécessairement mais aussi qu'il est possible d'être libre pour la raison même que tout arrive nécessairement. Comprendre cette relation entre nécessité et liberté est crucial dans la manière dont Spinoza pense qu'une personne doit gérer son expérience de la douleur.

Dans ce chapitre, nous étudions à la fois la doctrine du nécessitarisme de Spinoza et sa doctrine connexe de la liberté humaine (ainsi que les positions contemporaines pertinentes sur ces sujets). J'examine d'abord ce qu'est le nécessitarisme et en quoi il est à la fois différent et similaire au déterminisme. Spinoza est peut-être le partisan le plus célèbre du nécessitarisme et, bien qu'il y ait des chercheurs qui ne sont pas d'accord avec cette évaluation, la plupart des chercheurs sont non seulement d'accord avec elle, mais la considèrent même comme un élément crucial pour comprendre le reste de sa philosophie. Reconnaître la distinction entre nécessité et contrainte est important pour bien comprendre le nécessitarisme, comme le souligne Spinoza. J'aborde ensuite l'histoire du débat sur la compatibilité du libre arbitre avec le déterminisme, que l'on appelle « le problème de la compatibilité », et surtout la formation du compatiblisme et de l'incompatiblisme par Hume et Kant. La relation entre le problème de compatibilité et la responsabilité morale ainsi que les problèmes inhérents aux deux sont pertinentes à cette discussion. En rejetant le libre arbitre et en adoptant le nécessitarisme, Spinoza développe une théorie de la liberté humaine qui à la fois résout ces problèmes et commence à montrer comment une personne doit gérer son expérience de la douleur.

1. Nécessitarianisme

Le nécessitarisme est un principe de la métaphysique qui nie toute simple possibilité : ses partisans ne disent jamais simplement qu'un événement peut se produire comme il se produit, mais disent toujours qu'il doit se produire de la manière dont il se produit. En conséquence, le monde ne pourrait pas être différent de ce qu'il est (pas même de la plus petite des manières). Il est important, en examinant le nécessitarisme, de reconnaître en quoi il est à la fois similaire et différent du déterminisme. Bien que le déterminisme soit peut-être le principe le plus connu, le nécessitarisme a sa propre suite parmi les philosophes, même aujourd'hui. Son partisan philosophique le plus célèbre, cependant, est Spinoza, qui a souligné la relation entre le nécessitarisme et d'autres concepts clés de sa philosophie.

a. Déterminisme et Nécessitarisme

Les théories métaphysiques du déterminisme et du nécessitarisme sont étroitement liées. Les déterministes soutiennent que chaque événement, de l'existence d'un pin à ma décision de devenir végétarien, est déterminé par des événements antérieurs pour se produire exactement comme il se produit. Par exemple, chacune de mes actions est déterminée par mes actions précédentes (dont chacune est déterminée par l'action qui la précède, de mon action à l'action de ma mère à l'action de ma grand-mère, etc.). Ce que je fais maintenant, en trente secondes, en dix ans, et pour le reste de ma vie est tracé dans ce que Spinoza appelle « une chaîne infinie de causes »[31]. De cette façon, mes actions suivent un chemin défini.

Le déterminisme repose sur le principe de raison suffisante, qui est l'idée qu'il doit toujours y avoir une raison ou une cause à tout ce qui existe. Cela signifie que même le fait le plus ordinaire – comme l'existence d'un pin – exige une explication. Les faits bruts (c'est-à-dire inexplicables) ne sont pas vraiment des faits du tout. Le lien entre le déterminisme et le principe de raison suffisante est clair. Comme nous le verrons dans un instant, le lien entre le principe de raison suffisante et le nécessitarisme est encore plus

---

[31] *Eth.* I, Prop 28

clair. À la racine du déterminisme se trouve l'idée que chaque fait peut être expliqué, que chaque événement a une raison de se produire exactement de la manière dont il se produit.

Les nécessitaristes poussent la position déterministe jusqu'à sa conclusion logique. Ils disent que, parce qu'il est impossible qu'un événement se produise autrement que de la manière dont il est déterminé à se produire, le monde (y compris son passé et son futur) ne pourrait pas être différent de ce qu'il est. C'est ainsi nécessairement. En d'autres termes, le chemin tracé de mes actions ne peut être autrement que tel qu'il est, car chacune de mes actions dépend de toutes les autres actions. Par conséquent, le chemin lui-même dépend de chaque action individuelle. En bref, parce que le chemin que suivent mes actions est déterminé par chacune de ces actions mêmes, le chemin n'aurait jamais pu être et ne peut jamais être différent. C'est comme ça par nécessité.

Une façon de penser à la relation entre le déterminisme et le nécessitarisme est de considérer que toutes les choses existantes découlent d'un réseau interconnecté de causes et d'effets. Ils sont interdépendants. En d'autres termes, chaque événement est à la fois une cause et un effet d'un autre événement.

Un exemple est le crayon qui se trouve devant moi. C'est l'effet de plusieurs causes (de toutes les causes, en fait). Il est fait de bois, de plomb, de peinture, de métal et de caoutchouc. Quelqu'un a fait pousser l'arbre d'où provient le bois ; elle s'est appuyée sur le sol et les conditions météorologiques appropriés pour ce faire. Quelqu'un d'autre, utilisant des outils produits par d'autres matériaux et d'autres personnes, a coupé l'arbre.

Après qu'une troisième personne ait transformé l'arbre en bois d'œuvre, une quatrième a transporté le bois d'œuvre vers une usine, où une cinquième a utilisé le bois d'œuvre, en plus des autres matériaux, chacun étant fabriqué de la même manière, pour produire le crayon qui se trouve devant moi. Et n'oubliez pas : chaque personne et chaque matériau impliqué dans l'histoire du crayon a sa propre histoire (qui implique d'autres personnes et d'autres matériaux avec sa propre histoire...). Il y a bien trop de causes à ce petit événement – qu'il y a un crayon devant moi – pour que je les énumère. Outre les nombreuses causes matérielles et efficientes que j'ai citées, il y a de nombreuses causes formelles. Pourquoi, par exemple, le crayon est-il devant moi au lieu de derrière moi ? Pourquoi n'est-il pas plutôt collé dans le mur d'un appartement appartenant à un certain Takao qui vit au Japon ? Pourquoi l'objet posé devant moi est-il un crayon et non un verre de whisky ou une copie de Wuthering Heights d'Emily Brontë ?

Tout événement — tel que le crayon posé devant moi — se produit tel quel et non d'une autre manière parce qu'il est l'effet d'une cause et non d'une autre. Toute cause est aussi un effet ; c'est l'effet d'une autre cause. L'arbre est une des causes de l'effet qu'il y a un crayon devant moi. L'arbre est aussi un effet du sol, de la météo, de l'intention d'une personne de faire pousser un arbre, des raisons pour lesquelles elle a cette intention, des raisons pour ces raisons, etc. Le fait que le crayon se trouve devant moi est aussi une cause comme effet. C'est l'une des causes, par exemple, de mes écrits à ce sujet dans cet article. C'est la cause d'un grand nombre d'événements que j'ignore ou que je ne veux pas essayer d'énumérer. Comme pourrait le dire le détective holistique de Douglas Adams, Dirk Gently : que le crayon se trouve devant moi est en quelque sorte la cause d'un caniche miniature nommé Harriet, qui réside dans le Sussex, qui a dû éternuer à 4 h 14 le matin du 26 février 2009. Tout ce qui arrive est à la fois la cause et l'effet d'autre chose qui se passe. Qu'il en soit ainsi montre comment le déterminisme conduit logiquement au nécessitarisme.

b. *Le Nécessitarisme de Spinoza*

Il est bien clair que Spinoza est un nécessaire. En fait, il dit que ses vues sur la nécessité des choses sont la « base principale » de *l'Ethique*[32]. Sans nécessitarisme, il semble que des parties cruciales de son système n'auraient pas de sens.

La plupart des chercheurs sont d'accord avec cette évaluation. Garrett (1991), par exemple, soutient que tous les modes finis (qui est le terme de Spinoza pour ce que j'ai appelé des « choses » ou des « événements ») existent nécessairement parce qu'ils dérivent de la

---

[32] *Eth.* I, Prop 75

Substance. Rappelez-vous du chapitre 1 que la Substance se fait exister (c'est-à-dire est auto-cassée) et existe donc nécessairement par définition. Garrett soutient plus spécifiquement que chaque mode fini doit être considéré en termes de la collection entière des modes finis et que cette collection est gouvernée par les modes infinis, qui dérivent immédiatement de la Substance. Puisque toute la collection, dérivée indirectement de la Substance, existe nécessairement, il en va de même pour chaque mode fini. Garrett démontre ainsi que Spinoza est un nécessaire. Un point similaire est que l'identité des modes et de la Substance implique logiquement que tout est interdépendant, c'est-à- dire que chaque chose détermine et est déterminée par l'autre chose. Comme le dit Spinoza, « dans la nature il n'y a rien de contingent, mais toutes choses ont été déterminées par la nécessité de la nature divine d'exister et de produire un effet d'une certaine manière »[33]. Et « les choses auraient pu être produites par Dieu d'aucune autre manière, et dans aucun autre ordre, qu'ils n'ont été produits »[34].

L'engagement de Spinoza envers le PSR apporte également un soutien solide à la cause de son nécessitarisme. Cet engagement se retrouve dans son dicton que tout est concevable (c'est-à-dire explicable) : « Ce qui ne peut être conçu à travers un autre, doit être conçu à travers lui-même »[35]. Plus tard, il énonce explicitement le principe : « Pour chaque chose, il doit être attribué une cause, ou une raison, à la fois pour son existence et pour sa non-existence »[36]. Cela implique qu'il y a une raison pour que chaque événement se produise exactement comme il se produit.

---

[33] *Eth.* I, Prop 29
[34] *Eth.* I, Prop 33
[35] *Eth.*, I, ax 2
[36] *Eth.* I, Prop 11 dém 2

C'est la raison pour laquelle Melamed et Lin (2016) appellent le PSR « la principale motivation derrière le strict nécessitarisme de Spinoza ».

Comme je l'ai dit, la plupart des chercheurs s'accordent à dire que Spinoza a approuvé le nécessitarisme à part entière, et c'est l'interprétation standard de sa position. Malgré tant de preuves du contraire, cependant, certains chercheurs disent que Spinoza plaide pour le déterminisme mais pas pour le nécessitarisme. (Le non-nécessitarisme Newlands soutient, par exemple, que, même si Spinoza voit les choses finies comme existant nécessairement, elles ne peuvent exister de cette façon (comme nous l'avons vu Garrett le souligner) qu'en relation avec l'ensemble des choses finies. Mais, il continue pour affirmer qu'il est impossible pour les humains de concevoir les choses finies d'une manière aussi globale. Plus précisément, il souligne que la formation d'une telle conception nécessite, pour Spinoza, d'avoir des idées adéquates sur les choses finies en question, et il pense – malgré de très bons arguments à l'effet contraire (que nous avons examinés au chapitre 1 – qu'il est impossible pour les humains d'avoir des idées adéquates des principes métaphysiques qui garantissent la vérité du nécessitarisme en vertu de l'existence de manières aussi compréhensives de concevoir le monde, les manières de concevoir les objets finis que nous avons tendance à adopter seront rarement, voire jamais, suffisantes suffisamment complet pour impliquer de véritables prédications de nécessitarisme.

Cet argument est problématique à plus d'un titre. Premièrement, Newlands fait une erreur dans son traitement de l'adéquation. Comme nous l'avons vu au chapitre 2, Spinoza dit clairement à plusieurs endroits qu'il est possible pour les humains d'atteindre une connaissance adéquate des modes infinis et finis. Des éléments clés de sa philosophie dépendent de leur capacité. Deuxièmement, l'argument général de Newlands selon lequel les humains n'ont pas la capacité de saisir la nécessité sous-jacente à tout pose un problème distinct de sa conclusion spécifique sur les idées adéquates. Spinoza écrit : « Dans la mesure où l'esprit comprend toutes choses comme nécessaires, il a un plus grand pouvoir sur les affects, ou est moins agi par eux »[37]. Enseigner aux gens à avoir un tel pouvoir sur les affects est un thème central de l'Éthique, mais Spinoza déclare explicitement ici que les humains ne peuvent atteindre ce pouvoir que s'ils saisissent la nécessité de tout. Ainsi, le débat sur le nécessitarisme de Spinoza concerne non seulement des questions d'importance théorique mais aussi des questions d'importance pratique. Heureusement, la majorité des spécialistes de

---

[37] *Eth*, V, Prop 6

Spinoza conviennent que les interprètes non nécessaires n'ont pas de cas.

c. *Nécessité contre contrainte*

Lorsque l'on parle de nécessitarisme, il est important de faire la distinction entre la nécessité et la contrainte. Dans la terminologie juridique, la nécessité est un moyen d'excuser la violation d'une loi parce que cela est nécessaire pour préserver une autre loi. Imaginons qu'une personne ivre choisisse de conduire sa voiture. C'est contre la loi qu'elle le fasse. Cependant, elle ne sera pas reconnue coupable d'un crime si elle a conduit en état d'ébriété pour empêcher un vol de banque. Son avocat soutiendrait que, dans ces circonstances, il était nécessaire que cette personne enfreigne la loi contre l'alcool au volant afin de préserver la loi interdisant le vol. La personne plaiderait la contrainte, d'autre part, si quelqu'un avait pointé une arme sur sa tempe et l'avait ainsi forcée à conduire en état d'ébriété. La différence juridique entre la nécessité et la contrainte réside dans le choix. Une conductrice ivre plaide la nécessité lorsqu'elle choisit (pour une bonne raison) d'enfreindre la loi. Elle plaide la contrainte quand quelqu'un d'autre la force (c'est-à-dire choisit pour elle) à enfreindre la loi.

La différence philosophique entre nécessité et contrainte réside également dans le choix. En philosophie, la nécessité ne fait pas référence à une action illégale qu'une personne entreprend dans le but de préserver une loi, mais plutôt à la chaîne d'événements formée par la détermination et la détermination de chaque événement par chaque autre événement. Lorsque notre chauffeur ivre a arrêté le vol de banque, par exemple, elle l'a fait parce que tous les autres événements ont nécessairement causé cet événement.

Pourtant, aucune autre personne ou chose ne l'a forcé à se produire. Il lui semblait qu'elle aurait tout aussi bien pu ne pas arrêter le vol.

En termes philosophiques et juridiques, cette personne n'était pas obligée de conduire en état d'ébriété. Un philosophe dirait que les gens accomplissent des actions nécessaires par choix (comme il leur semble) mais des actions obligatoires par la force.

En fait, un philosophe a souligné cette distinction. Spinoza écrit qu'une chose est « contrainte » si elle est « déterminée par une autre à exister et à produire un effet d'une manière certaine et déterminée »[38]. Et il dit qu'une chose est « nécessaire » de la même manière que « les trois angles d'un triangle sont nécessairement égaux à deux droits ». Autrement dit, ils ne pourraient jamais en être

---

[38] *Eth.* I, def 7

autrement, même si rien ni personne ne les oblige à être égaux. Il explique plus en détail cette distinction dans *la Correspondance 56*. Ici, il oppose la liberté (que nous examinerons de près dans la section suivante) non à la nécessité mais à la contrainte : « La volonté d'un homme de vivre, d'aimer, etc., n'est pas le résultat de contrainte, mais c'est nécessaire »[39].

2. Liberté humaine

On pense souvent que les termes « liberté » et « libre arbitre » sont interchangeables ou du moins que, pour être libre, une personne doit pouvoir choisir ses actions parmi d'autres possibilités. Une telle réflexion est à la base de la plupart des écrits, tant historiques que contemporains, sur le thème de la liberté humaine. La plupart des auteurs sur ce sujet sont

---

[39] *Correspondance 56*

soit des compatiblistes, soit des compatiblistes. S'ils s'opposent sur la question de
la compatibilité du libre arbitre avec le déterminisme, ils se rejoignent pour juger
que le concept de libre arbitre sous-tend
celui de liberté. Le fait que Spinoza n'ait
pas jugé que tel était le cas - qu'il postulait
que la liberté humaine était entièrement
séparée du libre arbitre - distingue sa
théorie de la liberté de celles de la plupart
des autres philosophes. En embrassant la
nécessité, il offre également une nouvelle
et meilleure façon de gérer son expérience
de la douleur.

a. *L'histoire du compatibilisme et de l'incompatibilisme*

La littérature actuelle sur le libre arbitre traite en grande partie du débat sur
la compatibilité ou non du libre arbitre et
de la responsabilité morale avec le déterminisme. Des deux côtés de ce débat,

souvent appelé « le problème de la compatibilité », se trouvent les incompatiblistes (qui soutiennent qu'il ne peut y avoir de libre arbitre si le déterminisme est vrai) et les compatiblistes (qui soutiennent qu'il n'y a pas un tel conflit). Ce débat a une longue histoire philosophique.

Bien que les anciens philosophes aient développé des théories à la fois sur le déterminisme et la responsabilité morale, ils n'avaient pas de concept de « volonté » en tant que faculté séparée des autres facultés et capable de faire des choix libres. La notion de « libre arbitre » n'a été introduite qu'au Moyen-Âge, quand Augustin écrivit Sur le libre choix de la volonté. Motivé par le désir de justifier l'idée chrétienne du « péché » et de la responsabilité morale de l'homme en général, Augustin se réfère ici à une faculté distincte que l'homme a de « faire autrement » ou d'avoir des possibilités alternatives pour les choix qu'il fait. Il appelle cette supposée faculté de faire des choix libres *liberum arbitrium*. Le concept de « volonté » et sa capacité à faire des choix libres ont été critiqués au XVIIe siècle alors que le déterminisme d'une philosophie mécanique émergente devenait prédominant. C'est au XVIIIe siècle, cependant, que les arguments contemporains entourant le problème de compatibilité ont pris forme.

Hume a influencé les arguments en faveur du compatiblisme en analysant « Liberté et nécessité » dans la partie 3 Sec. 1-2 de son *Traité sur la nature humaine* et à la Sec. 7 de son Enquête sur l'entendement humain. Il soutient dans ces sections que, bien que la nécessité gouverne toutes les actions, le libre arbitre et l'obligation morale sont possibles. En fait, il pense que la nécessité est la condition de possibilité de la liberté. Il avance cet argument en distinguant deux types de liberté. Il appelle le premier type la « liberté d'indifférence ». Identique au libre arbitre du *liberum arbitrium* d'Augustin, il s'oppose à une connaissance scientifique de la nécessité. De plus, parce qu'elle tient compte des causes sans cause, elle nie à un agent la responsabilité morale de ses actes. Pour ces deux raisons, Hume conduit les compatiblistes contemporains à s'opposer à la liberté d'indifférence.

La seconde de la liberté, il l'appelle la « liberté de la spontanéité ». Elle est conforme à une connaissance scientifique de la nécessité et ne s'oppose qu'à la contrainte. Mais elle n'est compatible avec la nécessité que dans la mesure où elle considère les actions d'un agent comme déterminées ; seule elle-même est la cause de ses motifs pour accomplir ces actions. Ainsi, une personne peut être tenue moralement responsable des décisions qu'elle prend, même si les actions auxquelles ces décisions conduisent sont déterminées. Pour ces raisons, Hume et les compatiblistes contemporains sont attirés par la liberté de la spontanéité.

D'autres philosophes, cependant, dénoncent la version douce du libre arbitre de Hume et voient la compatibilité du libre arbitre et du déterminisme sous un jour tout à fait différent. Parmi ces philosophes se trouve Kant, qui a qualifié le compatiblisme de « subterfuge misérable » et a façonné la position des incompatiblistes contemporains dans sa Critique de la raison pratique et plus tard dans sa Religion dans les limites de la simple raison. Dans la deuxième critique, Kant fait la distinction entre le déterminisme qui apparaît dans le domaine phénoménal et le libre arbitre (le liberum arbitrium d'Augustin, qui permet des choix alternatifs) du domaine nouménal qui sous-tend ce déterminisme apparent. Il soutient qu'un agent ne peut être moralement responsable de ses actions que si ces actions sont vraiment libres et ne sont pas soumises au déterminisme du domaine phénoménal. Le problème est que peu de gens ne réalisent jamais la liberté qui sous-tend le déterminisme. La plupart restent coincés dans le royaume phénoménal. Et il n'est pas utile de dire que, parce que la plupart des gens ne se rendent pas compte qu'ils sont libres, ils ne sont pas moralement responsables de leurs actes.

Ainsi Kant fait une autre distinction dans la religion entre le libre arbitre et la liberté du pouvoir de choix, qui ressemble à une forme plus puissante de libre arbitre. Comme le libre arbitre, il s'apparente au *liberum arbitrium* en ce sens qu'un agent n'est moralement responsable de ses actes que s'il peut choisir librement entre différentes possibilités. Pourtant, le déterminisme du domaine phénoménal ne l'exonère pas de sa responsabilité morale. La liberté du pouvoir de choix l'emporte sur le déterminisme et rend un agent moralement responsable de ses actes malgré le fait qu'ils soient déterminés. Cela semble être un argument pour le compatiblisme, mais ce n'est pas le cas. Kant dit que la liberté de choix des gens est l'essentiel et que cette liberté va au-delà (et n'est donc pas compatible avec) le déterminisme.

Hume et Kant ont formé des arguments opposés concernant la compatibilité du libre arbitre et du déterminisme, mais il n'y a vraiment aucune différence dans la façon dont chacun définit la responsabilité morale. Pour les deux philosophes, un agent est moralement responsable de ses actions tant que ces actions procèdent de sa propre volonté ou de ses propres motifs. En d'autres termes, ni l'un ni l'autre ne considère le déterminisme comme approfondi. Hume dit que tout est déterminé, mais il n'inclut pas les motivations d'une personne dans « tout ». Kant dit que la plupart des choses sont déterminées mais que la liberté d'un agent de faire des choix alternatifs transcende le déterminisme. Kant est juste plus honnête, parce qu'il ne redéfinit pas le « libre arbitre » et le « déterminisme » pour faire fonctionner sa théorie. Il déclare simplement que les deux concepts sont incompatibles.

b. Le problème de compatibilité et la responsabilité morale

Au cœur du débat contemporain sur la compatibilité du libre arbitre et du déterminisme – le problème de la compatibilité – se trouve la question de la responsabilité morale d'un agent pour ses actes. Les chercheurs des deux côtés de ce débat s'accordent à dire que le critère de la responsabilité morale est le libre arbitre, qui peut être vaguement défini comme le fait qu'un agent ait suffisamment de contrôle sur ses motivations pour choisir parmi d'autres manières d'agir.

Il existe différentes perspectives sur ce débat au sein des camps compatibliste et incompatibliste. Bien que les compatiblistes contemporains suivent d'assez près la position de Hume, il existe de nombreux désaccords entre ces chercheurs sur la façon de définir des termes tels que « libre choix » et « possibilités alternatives ». Parmi les incompatiblistes, il y a ceux qui pensent que le déterminisme est définitivement vrai et ceux qui pensent que, qu'il soit vrai ou non, il est incompatible avec le libre arbitre. Il y a aussi ceux, les libertaires, qui pensent que le déterminisme est faux. Malgré ces différences, cependant, les incompatiblistes contemporains ont tendance à suivre la position de Kant d'assez près.

Le problème avec les compatiblistes et les incompatiblistes est qu'ils voient la responsabilité morale d'une personne comme dépendant de sa possession du libre arbitre. Mais les développements des neurosciences, de la biologie et de la psychologie montrent de plus en plus que tout est totalement déterminé et que le libre arbitre n'existe pas. Ainsi, la responsabilité morale, du moins dans le sens où les actions d'une personne peuvent être attribuées à sa capacité à faire des choix alternatifs, ne peut pas non plus exister.

De plus, c'est peut-être une bonne chose que la responsabilité morale ne puisse pas exister. Dire que je suis moralement responsable de mes actes, c'est, compte tenu du modèle actuel de responsabilité morale, dire que je dois être ou loué ou blâmé pour les avoir exécutés. C'est dire non seulement que mes actions sont bonnes ou mauvaises (un fait objectif) mais, plus encore, que j'ai tort ou raison de les avoir accomplies (un jugement subjectif). En d'autres termes, le terme « responsabilité morale » est couramment utilisé pour revendiquer le caractère moral d'un agent. Pour ces deux raisons, le modèle actuel de responsabilité morale n'est pas bon. Cela ne peut pas fonctionner, et cela ne devrait pas fonctionner. Un modèle alternatif, qui ne repose pas sur le libre arbitre d'un agent et qui revendique les actions d'un agent au lieu de son caractère, doit être trouvé. La position de Spinoza sur le problème de compatibilité offre justement un tel modèle.

c. *Spinoza sur le libre arbitre contre la liberté*

Nous avons déjà vu que Spinoza est un déterministe dur, un nécessaire en fait. Il n'est donc pas surprenant qu'il critique fortement le concept de libre arbitre. « Il n'y a dans l'esprit, écrit-il, aucun absolu, c'est-à-dire aucun libre arbitre, mais l'esprit est déterminé à vouloir ceci ou cela par une cause, qui est à nouveau déterminée par une autre [...] et ainsi de suite à l'infini »[40]. Chaque fois qu'une personne choisit de faire une chose plutôt qu'une autre, elle n'exerce pas son libre arbitre mais fait le choix que la série de ses décisions antérieures l'a déterminée à faire. Le problème est que personne ne peut voir le chemin de ses actions dans leur ensemble ; elle ne peut voir que chaque action individuelle telle qu'elle la prend. Comme l'explique Spinoza, « ils sont conscients de leurs propres actions et ignorants des causes par lesquelles elles sont déterminées »[41]. Mais même si les gens réalisent ce fait et savent mieux que de penser qu'ils ont la capacité de choisir leurs actions parmi des possibilités alternatives, il leur semble néanmoins qu'ils font justement un tel choix de façon une illusion. La clé est d'éviter de tomber dans cette illusion, les gens qui croient faire quelque chose

---

[40] *Eth.* II, Prop 48
[41] *Eth.* III, Prop 2 scolie

par un libre décret de l'esprit », dit Spinoza, « rêvent les yeux ouverts »[42].

Même si Spinoza est un déterministe dur et un critique virulent du libre arbitre, il a néanmoins une théorie de la liberté. Non seulement il souligne la logique sous-jacente au nécessitarisme ; il consacre également nombre de ses écrits à discuter de la liberté, qu'elle soit psychologique, morale, politique, religieuse ou environnementale. Sa version de la liberté revient au concept d'activité : une chose est libre dans la mesure où elle agit d'après sa nature. Plus précisément, il la qualifie de « libre » si elle « existe par la seule nécessité de sa nature, et est déterminée à agir par elle seule »[43]. Il offre dans la Lettre 58 l'exemple de Dieu ou Substance : « Dieu, bien qu'il existe nécessairement, existe cependant librement, parce qu'il existe par la seule nécessité de sa propre

---

[42] *Idem*

[43] *Eth.* I, def 7

nature. Pour les humains, comme nous l'avons vu au chapitre 2, agir à partir de sa nature signifie agir rationnellement.

Et agir rationnellement signifie, comme nous l'avons vu au chapitre 1, former des idées adéquates sur les événements nécessaires dans le monde (tant le monde interne qu'externe). Depuis, étant donné nécessitarisme, tous les événements sont nécessaires, agir rationnellement signifie se former des idées adéquates sur tout. C'est la théorie de la liberté humaine de Spinoza. Les humains sont libres, dit-il, dans la mesure où ils raisonnent sur les connexions nécessaires qui sous-tendent les mondes à l'intérieur et à l'extérieur d'eux. Ce n'est donc pas seulement le cas qu'il n'y a pas de conflit avec le déterminisme et que la liberté est possible malgré le fait que les humains manquent de libre arbitre. Il est possible que les humains soient libres, écrit Spinoza, précisément parce qu'ils manquent de libre arbitre et sont déterminés dans leurs actions.

Spinoza fonde des parties importantes de sa philosophie - comme son enseignement sur la façon dont une personne doit gérer son expérience de la douleur - sur cette théorie. Nous reviendrons plus en détail sur cet enseignement dans le chapitre suivant. Qu'il suffise de dire pour l'instant qu'une personne peut être libre en employant ce que Spinoza appelle la "détermination interne". La différence entre la détermination interne et externe réside dans l'étendue de sa compréhension. Si les actions d'une personne sont déterminées de l'extérieur, elles résultent « de rencontres fortuites avec les choses » et finissent par produire une connaissance « confuse et mutilée ». Si les actions d'une personne sont déterminées intérieurement, elles résultent toutefois « du fait que [cette personne] considère plusieurs choses à la fois, pour comprendre leurs accords, leurs différences et leurs oppositions » et finissent par produire une connaissance « claire et distincte ». En d'autres termes, mes actions sont déterminées de l'extérieur lorsqu'il m'arrive d'apprendre un petit quelque chose à leur sujet par accident. Ils sont déterminés intérieurement lorsque je me détermine à savoir complètement ce que sont les choses, pourquoi elles existent et comment elles sont toutes liées. Il convient de noter que, si une personne agit par détermination externe, elle est passive : elle n'agit que parce qu'une certaine connaissance des choses lui arrive. Si elle agit par détermination intérieure, en revanche, elle est active : elle agit parce qu'elle-même a fait l'effort de bien comprendre les choses.

Bien sûr, le fait qu'une personne détermine ou non ses actions de manière interne - donc si elle est libre ou non - est lui-même nécessaire. Mais, puisque la liberté qui en résulte est distincte du concept de libre arbitre, ce fait n'annule pas l'importance de la détermination interne ni ne rend impossible pour une personne d'être réellement et véritablement libre. En fait, il est important d'établir un nouveau et meilleur modèle de responsabilité morale. Par exemple, nous pouvons utiliser cette théorie pour condamner l'action de voler - et même exiger que le voleur rembourse ce qu'il a volé - sans la stigmatiser comme une personne horrible. Parce que la version de la liberté de Spinoza est basée sur la nature et l'activité d'une chose au lieu d'une capacité supposée de choisir parmi des alternatives, elle justifie l'éloge ou le blâme des actions d'un agent plutôt que de son caractère moral.

Je conclus que saisir les aspects à la fois du nécessitarisme et de la liberté humaine dont j'ai discuté dans ce chapitre est crucial pour comprendre les arguments de Spinoza sur la compréhension

et la souffrance active, qui sont les sujets
du chapitre suivant.

SOUFFRANCE ACTIVE

Saisir la relation entre nécessité et liberté permet à une personne de réaliser à quel point il est important de s'engager dans toutes ses expériences, même les plus douloureuses. Elle lui permet de s'en rendre compte car, comme Spinoza ne se lasse pas de le souligner, il existe une relation forte entre savoir et activité. Connaître les choses (ainsi que la manière dont les choses sont connues) est étroitement lié au fait de faire les choses. C'est ce lien entre la connaissance et l'activité qui permet à une personne de savoir comment elle doit gérer son expérience de la douleur ou, comme j'aime à le dire, comment elle doit souffrir activement. Et gérer activement la douleur revient à être libre. Mon but dans ce chapitre est de montrer comment comprendre sa douleur - plutôt que d'essayer d'y échapper - permet à une personne, alors qu'elle est en train de la vivre, d'être active et ainsi d'être libre.

Pour le montrer, je consacre une grande partie de ce chapitre à examiner les façons dont, selon Spinoza, une personne connaît les choses. Deux de ces façons - la rationnelle et l'intuitive - produisent des idées adéquates, donc je me concentre sur elles. Cela ne veut pas dire, cependant, qu'ils sont tout aussi efficaces. Il s'avère que connaître intuitivement les choses est supérieur à les connaître rationnellement. Je consacre également une grande partie du chapitre à l'analyse de l'enseignement de Spinoza selon lequel une personne devrait appliquer cette connaissance à ses expériences de la douleur. Ici aussi, la connaissance intuitive se révèle supérieure. Je montre dans la dernière section la façon dont la connaissance se rapporte à l'activité, la façon dont elles se rapportent à la souffrance active, et l'identité de la souffrance active et de la liberté.

1. Trois façons de savoir les choses

Afin de gérer correctement son expérience de la douleur, dit Spinoza, une personne doit améliorer sa compréhension ou sa connaissance de celle-ci, de la nécessité, et des choses en général. Mais qu'est-ce que comprendre quelque chose ? Rappelez-vous du chapitre 1 que comprendre quelque chose ou en avoir connaissance revient au même que s'en faire une idée. Mais l'idée en question ne peut pas être floue et confuse (c'est-à-dire ce que Spinoza appelle une idée inadéquate) ; elle doit être claire et distincte (c'est-à-dire ce qu'il appelle une idée adéquate). Ainsi comprendre quelque chose, c'est s'en faire une idée adéquate. Comment, alors, une personne forme-t-elle des idées adéquates ? Elle le fait en augmentant ses connaissances. Mais il faut que ce soit le bon type de connaissances.

Rappelez-vous encore du chapitre 1 que Spinoza organise la compréhension ou la connaissance de manière hiérarchique. Le premier type est l'opinion, qui décrit la manière naturelle dont les humains connaissent les choses. Parce qu'il est basé sur l'imagination, les préjugés et la superstition, il est inadéquat et tellement faux ; c'est pour cette raison le type le plus bas. Le deuxième type est la raison (ratio), qui décrit la formation d'une personne à une conception intellectuelle des choses. Parce qu'il est basé sur la conception de propriétés universelles, il est adéquat et tellement vrai. Pourtant, il y a des limites à cela ; ce n'est pour cette raison pas le type le plus élevé. Le troisième type de connaissance est l'intuition (*scientia intuitiva*), qui décrit la connaissance d'une personne de l'essence des choses. Parce qu'elle est basée sur la conception de propriétés individuelles plutôt qu'universelles, Spinoza la considère non seulement comme adéquate et vraie, mais aussi comme le type de connaissance le plus élevé.

Étant donné que l'opinion, le premier type de connaissances, est insuffisante (et conduit donc à comprendre les choses faussement), l'examiner de près n'est pas utile pour notre objectif de montrer la manière dont Spinoza pense qu'une personne doit gérer son expérience de la douleur. Mais la raison et l'intuition, les deuxième et troisième types de connaissances, sont adéquates (et conduisent donc les gens à comprendre les choses avec précision), il est donc utile de les examiner de près. Mais, comme je l'ai souligné, raisonner sur quelque chose et le savoir intuitivement ne produisent pas des formes égales de connaissance. Parce qu'elle permet à une personne de savoir ce que sont réellement les choses (plutôt que de connaître simplement des informations sur les choses), l'intuition est supérieure à la raison. Mais c'est une erreur de penser qu'une personne peut "sauter" le raisonnement sur les choses et passer d'une connaissance par opinion à une connaissance intuitive. La connaissance ne fonctionne pas ainsi. Il y a des étapes pour comprendre les choses, et il faut faire un pas pour en faire un autre. Une personne a naturellement des opinions sur les choses. Elle améliore sa compréhension en apprenant à les connaître d'abord rationnellement puis intuitivement. Bien qu'elles ne soient pas égales, la raison et l'intuition produisent des connaissances adéquates. Pour cette raison, ils méritent toute notre attention.

2. Connaître les choses rationnelles

Comme nous venons de le voir, les humains savent naturellement des choses lorsque ces choses affectent leur imagination ; ce type de savoir produit des idées fausses ou inadéquates. La raison pour laquelle il le fait est qu'il s'agit d'une sorte de connaissance passive. Ce n'est pas vraiment savoir du tout, en fait, mais, parce que la pensée d'une personne est déterminée par des choses qui lui sont extérieures, c'est plutot comme regarder les choses « comme des images muettes sur un panneau »[44]. Lorsqu'une personne sait quelque chose de cette manière, elle ne pense pas par elle-même mais s'appuie sur les opinions des autres pour se forger ses idées. Lorsqu'elle cesse de se fier à l'opinion et commence à penser par elle-même, cependant, elle a fait la transition vers la compréhension ou la connaissance

---

[44] Eth. II, Prop 49 scolie 2

rationnelle des choses. Ce type de connaissance est actif, puisqu'une personne n'est déterminée que par des choses (pensées et sentiments, dans ce cas) qui lui sont internes. Il produit donc des idées vraies ou adéquates.

Nous savons du chapitre 1 qu'une idée est adéquate si elle est complète en elle-même, si elle décrit parfaitement son objet sans avoir à se référer à autre chose. Dans une lettre à Tschirnhaus, Spinoza donne l'exemple de l'idée de cercle. L'idée est adéquate, dit-il, si une personne peut en déduire toutes les propriétés d'un cercle. Or la capacité de former des idées adéquates n'est pas propre à la raison. Comment une personne forme-t-elle des idées adéquates en raisonnant sur les choses ? Spinoza dit qu'elle le fait « du fait que [les humains] ont des notions communes et des idées adéquates des propriétés des choses »[45]. En d'autres termes, une

---

[45] *Eth.* II, Prop 40 scolie 2

personne raisonne sur une chose – s'en faisant ainsi une idée adéquate – en ayant une notion commune de ses propriétés.

Ce qui rend une notion commune, écrit Spinoza en *Eth.* II, Prop 38, c'est qu'elle est quelque chose que toutes choses partagent : « Ces choses qui sont communes à toutes, et qui sont également dans la partie et dans le tout, ne peuvent être conçues qu'adéquatement ». Il donne l'exemple du mouvement et du repos, et d'autres exemples qu'il a mentionnés auparavant sont la pensée et l'extension. Les notions sont également communes si toutes les choses d'un certain type les partagent. Spinoza donne l'exemple en *Eth.* II, Prop 39 des êtres humains, qui partagent des caractéristiques avec tous les autres membres de leur espèce : « Si quelque chose est commun et propre au corps humain et à certains corps externes par lesquels le corps humain est habituellement affecté, et est également dans la partie et dans le tout de chacun d'eux, son idée sera également adéquate dans l'esprit ». La même chose est logiquement vraie pour toutes les autres espèces et inaugure l'approche de Spinoza pour atteindre la connaissance de ce que Delahunty (2010) appelle un « élément empirique ».

3. Connaissance rationnelle et douleur

Comme nous l'avons vu au chapitre 4, Spinoza dit en *Eth*. II, Prop 29 scolie que l'esprit forme des idées adéquates lorsqu'il « considère plusieurs choses à la fois, pour comprendre leurs accords, leurs différences et leurs oppositions ». Et nous venons de voir que l'esprit se sert de la raison pour former ces idées adéquates en appliquant aux choses en question des notions communes. En d'autres termes, une personne raisonne sur quelque chose en appliquant ce qu'elle sait des choses en général (c'est-à-dire sa connaissance des notions courantes) à cette chose en particulier. Et appliquer des notions communes implique de connaître les moyens. Les notions communes sont des caractéristiques que les choses – à la fois les choses en général et les choses d'un type spécifique – partagent en commun. Étant donné le panpsychisme, tous les êtres vivants – pas seulement les humains - peuvent avoir des notions communes. « Les choses que nous avons montrées jusqu'ici sont tout à fait générales et ne concernent pas plus l'homme que les autres Individus, qui tous, bien qu'à des degrés différents, sont néanmoins animés. Car de chaque chose il y a nécessairement une idée en Dieu, dont Dieu est la cause au même titre qu'il l'est de l'idée du corps humain »[46]. Parce que chaque être est un mode de substance, chacun est conscient à un certain degré. Certains, comme les

---

[46] *Eth.* II, Prop 13 scolie

humains, ont une capacité de raisonnement plus complexe et plus développée que d'autres. C'est une différence de quantité, pas de qualité dans lequel cette chose est à la fois identique et différente des autres choses ainsi que la façon dont elle est causalement liée à tout le reste (c'est-à-dire comprendre sa nécessité).

Pour notre propos ici, la chose particulière à laquelle les notions communes sont appliquées est l'affect que Spinoza appelle *tristitia*. La question est donc de savoir comment une personne devrait appliquer des notions communes à son expérience de la douleur ? Tout simplement, elle devrait appliquer sa connaissance générale de ce qu'est la douleur et de son fonctionnement au cas particulier. Nous avons vu au chapitre 3 que ces notions courantes sur la douleur incluent une connaissance de la nature de la douleur, de la façon dont elle fonctionne dans le corps, de ses causes et de ses effets, de la manière dont les gens la perçoivent et la conceptualisent, de sa place dans le champ de l'éthique. Et nous avons vu au chapitre 4 que les connaissances sur la douleur doivent inclure des connaissances sur la manière dont elle est causalement liée à tout autre événement (c'est-à-dire sur sa nécessité).

Si je me fais une entorse à la cheville, par exemple, connaître ma douleur de cette manière m'offre le plus de contrôle possible sur la situation. Dans une certaine mesure, je ne reçois pas passivement la douleur mais je suis plutôt responsable de mon expérience. Et être responsable me permet de répondre au lieu de réagir. C'est moi et non ma douleur qui contrôle mon expérience, donc je peux respirer et comprendre calmement comment traiter ma blessure et gérer ma douleur au lieu de simplement crier parce que j'ai mal et peur. Soigner sa blessure et gérer sa douleur sont, comme nous l'avons vu au chapitre 3, deux choses différentes. Parce que la douleur elle-même est si multiforme, une personne ne comprend son expérience de la douleur que lorsqu'elle comprend les choses et les événements qui s'y rapportent. Comme nous l'avons vu au chapitre 2, Spinoza pense que toute compréhension (c'est-à-dire une connaissance adéquate) augmente le pouvoir d'une personne et donc sa capacité à gérer correctement ses affects. Pourtant, nous avons aussi vu qu'elle traite mieux ces affects lorsqu'ils sont eux-mêmes l'objet de sa compréhension. Un exemple en est *Eth.* V Prop 4 scolie, où Spinoza écrit que « chacun de nous a, en partie au moins, sinon absolument, le pouvoir de se comprendre lui-même et ses affects, et par conséquent, le pouvoir de faire en sorte qu'il soit moins agi sur lui-même ». Que je me sois foulé la cheville est un événement dans un lien causal qui englobe tout ce qui ne s'est jamais produit ainsi que tout ce qui ne se produira jamais. En savoir le plus possible sur ces choses - en particulier celles qui se rapportent plus immédiatement à l'entorse - m'aide à faire face à mon expérience particulière. Et comprendre le lien causal dans son ensemble me permet de réaliser qu'il est nécessaire et que le souhaiter serait à la fois inutile et contraire à la vie elle-même.

Spinoza pense clairement que le raisonnement sur les choses est important. Comme nous venons de le voir, il soutient qu'il est nécessaire pour une personne d'acquérir des connaissances rationnelles afin de faire face à son expérience de la douleur. L'acquisition de connaissances rationnelles est nécessaire car avoir des idées adéquates est nécessaire pour faire face à la douleur. Et, en appliquant des notions communes à des choses particulières, la raison produit des idées adéquates. Pourtant, précisément parce que c'est ainsi qu'elle produit des idées adéquates, la raison a ses limites. Spinoza le souligne dans *Eth.* IV, Prop 17 scolie en nous conseillant de « connaître à la fois le pouvoir de notre nature et son manque de pouvoir, afin que nous puissions déterminer ce que la raison peut faire pour modérer les affects, et ce qu'elle ne peut pas faire ». La raison peut faire beaucoup pour permettre à une personne de faire face à son expérience de la douleur. Mais il ne peut pas tout faire.

Spinoza désigne *l'akrasie* comme le problème qui infecte la connaissance rationnelle. Un mot grec ancien signifiant « manque de force » ($\alpha + \kappa\rho\,\alpha\tau o\varsigma$) et est généralement traduit par « incontinence » ou « manque de maîtrise de soi », *akrasia* était utilisé par les anciens philosophes pour décrire l'action d'une personne contre son meilleur jugement. La plupart des philosophes ont interprété cet acte comme un conflit entre la raison et la passion, mais les penseurs médiévaux, conformément à leur introduction du concept de « volonté » dans le discours philosophique, ont plutôt commencé à traiter l'état d'agir contre son meilleur jugement comme une faiblesse de la volonté. Les premiers philosophes modernes tels que Descartes continuent à attribuer akrasia à une faculté chargée de prendre des décisions, qu'ils appelaient aussi la volonté.

Comme nous l'avons vu à plusieurs reprises, Spinoza rejette l'idée que l'esprit contient une faculté distincte chargée de prendre des décisions. Il soutient plutôt que chaque choix qu'une personne fait est représentatif : c'est une idée comme une autre. Son récit de *l'akrasie* a donc beaucoup de points communs avec celui des anciens Grecs, car il pense aussi qu'il s'agit d'un conflit de jugements.

Plus précisément, Spinoza y voit un conflit entre les idées rationnelles et les idées passionnelles. *L'akrasia* se produit chez une personne lorsque les idées dérivées de ses affects passifs deviennent plus puissantes que les idées dérivées de sa raison. Le pouvoir d'une chose, comme nous l'avons vu au chapitre 2, est sa capacité à être la cause d'effets (c'est-à-dire à provoquer des choses). Une situation est akratique si l'idée passionnée d'une personne est meilleure que son idée rationnelle pour lui faire faire quelque chose. Un exemple est le désir d'un étudiant de jouer à un jeu informatique étant plus efficace que sa décision d'écrire sa dissertation. En termes d'expérience de la douleur, un exemple est l'envie d'une personne d'être un destinataire passif de sa douleur ayant un effet causal plus important que son choix d'y faire face activement. Ce conflit intérieur survient parce qu'une personne ne peut pas aller plus loin dans la connaissance rationnelle des choses. C'est pourquoi il y a pour Spinoza un autre dernier niveau de connaissance.

4. Connaître les choses intuitivement

Selon Spinoza, l'akrasia infecte les connaissances rationnelles en raison de la manière dont ces connaissances produisent des idées adéquates. Elle les produit en appliquant des notions communes à des choses particulières, ce qui est une manière abstraite et détachée de produire des idées adéquates. Mais ce n'est pas la seule façon de le faire. Connaître les choses de façon rationnelle et se laisser porter par la passion sont deux motivations pour entreprendre une action qui s'opposent nécessairement, et la passion l'emporte souvent. C'est pourquoi Spinoza veut que la raison devienne un affect. Lorsqu'il le fait, connaître les choses cesse d'être une abstraction loin d'elles et devient plutôt un engagement avec elles. Une personne produit toujours des idées adéquates en acquérant des connaissances sur les choses, mais elle a progressé de cela en acquérant des connaissances rationnelles pour le faire en acquérant des connaissances intuitives. Spinoza dit dans 2p40s que la connaissance intuitive procède « d'une idée adéquate de l'essence formelle de certains attributs de Dieu à la connaissance adéquate de l'essence des choses ». Rappelez-vous du chapitre 1 que les attributs de Dieu sont ses essences, c'est-à- dire ce qu'il est réellement. Les modes sont les manières dont Dieu existe, et ils s'expriment à travers ses attributs. Connaître intuitivement les choses nécessite donc de savoir ce qu'est vraiment Dieu.

Ce que j'appelle « ce que Dieu est réellement », Spinoza l'appelle « l'essence de Dieu ». Il utilise ce terme pour signifier l'unité de toutes les choses qui existent. Comme nous l'avons vu au chapitre 1, Spinoza désigne cette unité à plusieurs reprises comme l'unité de Dieu, de ses attributs et de ses modes. C'est la raison pour laquelle Spinoza souligne qu'il est possible pour une personne d'avoir une idée de quelque chose seulement si cette chose (ou ce qui la compose) existe réellement. Et qu'une chose existe signifie qu'elle fait partie de Dieu. Ainsi, avoir une idée de quelque chose, c'est comme avoir une idée de l'essence de Dieu. Spinoza le dit en Eth. II, Prop 45 : « Chaque idée de chaque corps, ou de chaque chose singulière qui existe réellement, implique nécessairement une essence éternelle et infinie de Dieu ».

S'il est vrai qu'une idée inadéquate repose aussi sur l'essence de Dieu, c'est néanmoins une idée confuse et floue. Ce n'est que si l'idée est adéquate qu'elle fait un bon travail de représentation de l'essence de Dieu. « La connaissance de l'essence éternelle et infinie de Dieu, que chaque idée implique, écrit Spinoza, est adéquate et parfaite ». De plus, parce que les humains font partie de Dieu, chacun a une idée adéquate de cette essence : «

L'esprit humain a une connaissance adéquate de l'essence éternelle et infinie de Dieu »[47]. Encore une fois, exister, c'est faire partie de cette unité substantielle. En sachant ce qu'est vraiment Dieu, une personne sait intuitivement ce que sont vraiment les choses.

Mais la connaissance intuitive ne procède pas en ligne droite de l'essence de Dieu aux essences des choses. Rappelons-nous du chapitre 1 que les modes de Dieu ne relèvent pas seulement de la catégorie des choses finies. Ils comprennent aussi des modes infinis, dont la fonction est de servir de médiateur entre la Substance et ses modes finis. Spinoza appelle « l'intellect infini » ou « l'idée de Dieu » le mode infini par lequel Dieu se fait une idée de son essence ainsi que de tout ce qui découle de cette essence. Et nous venons de voir que les humains possèdent la même capacité de se faire une idée de Dieu.

---

[47] *Eth.*, II, Prop 47

Ainsi, la connaissance intuitive procède de la connaissance de ce qu'est vraiment Dieu, à travers la connaissance de l'intellect infini, jusqu'à la connaissance des modes finis. Cela suggère que la connaissance intuitive implique un processus inférentiel. Inférer quelque chose, c'est acquérir des connaissances sur cette chose à partir d'une autre chose. Dans le cas de la connaissance intuitive, une personne déduit la connaissance d'une chose particulière à partir de la connaissance de Dieu. Et, en raison de sa nature divine, ce processus est direct et immédiat.

Quand une personne sait quelque chose intuitivement, elle le fait instantanément. Comme le souligne Spinoza dans l'exemple mathématique cité plus haut, connaître une chose intuitivement, c'est comme si un commerçant déduit la somme correcte « *d'un coup d'œil* ». Il existe une controverse parmi les chercheurs sur la relation entre la connaissance intuitive et rationnelle. En *Eth.* II, Prop 46 dém, Spinoza dit que « ce qui donne la connaissance d'une essence éternelle et infinie de Dieu est commun à tous et est également dans la partie et dans le tout.

Et ainsi cette connaissance sera adéquate ». Certains chercheurs interprètent à tort Spinoza comme catégorisant l'idée de Dieu (qui est le fondement de la connaissance intuitive) comme l'une des notions communes (qui sont les fondements de la connaissance rationnelle). Faire cela introduit le problème de la distinction entre les bases de la connaissance rationnelle et la connaissance intuitive. Mais le contexte du passage nous dit que Spinoza précise une fois de plus que chacun contient en soi la matière qui permet à une personne de connaître intuitivement les choses. C'est juste que tout le monde n'utilise pas ce truc correctement. Rappelez-vous le dicton de Spinoza dans *Eth.* II, Prop 40 scolie 2 que les notions communes sont des « propriétés des choses ». Puisque l'idée de Dieu n'est pas la propriété d'une chose, elle ne peut être une notion commune. Il n'y a donc en fait aucun problème à distinguer la base de la connaissance rationnelle (les notions communes) de la base de la connaissance intuitive (l'idée de Dieu).

Le processus par lequel une personne connaît une chose intuitivement est différent à un niveau fondamental du processus par lequel elle la connaît rationnellement. Carr (1978) appelle la différence une « commande ». Avec la connaissance intuitive, une personne procède de la cause (idée adéquate de Dieu) à l'effet (idée adéquate des choses). Avec la connaissance rationnelle, au contraire, l'ordre est inversé. Une personne procède de l'effet à la cause. En d'autres termes, les deux sortes de connaissances impliquent d'avoir une idée adéquate de Dieu. Dans le cas de la connaissance rationnelle, l'apprentissage de choses (ce qui nécessite d'appliquer des notions communes à des choses particulières) aboutit à l'acquisition de cette idée. Dans le cas de la connaissance intuitive, cependant, une personne a cette idée pour commencer et, parce qu'elle l'a, a également une idée automatique de chaque chose particulière.

5. Connaissance intuitive et douleur

Comme nous venons de le voir, une personne sait intuitivement quelque chose en appliquant sa connaissance de ce qui Dieu est vraiment à cette chose. La chose dans ce cas est l'expérience de la douleur d'une personne ou l'affect que Spinoza appelle *tristitia*. Mais une personne ne peut pas appliquer sa connaissance de ce qu'est vraiment Dieu à son expérience de la douleur de la même manière qu'elle peut appliquer des notions communes à cette même expérience. Dans le cas de la connaissance rationnelle, elle commence par savoir en général ce qu'est la douleur et comment elle agit. Elle applique ensuite ces connaissances générales à son expérience particulière. Dans le cas de la connaissance intuitive, cependant, elle part en quelque sorte de son expérience particulière. C'est-à-dire qu'elle sait instantanément quelle est sa propre douleur et comment elle fonctionne en sachant ce qu'est vraiment Dieu (c'est-à-dire l'unité de tout). Connaître intuitivement sa propre douleur, par opposition à la connaître rationnellement, lui donne une connaissance directe et immédiate de la nature de la douleur, de son fonctionnement dans le corps, de ses causes et de ses effets, de la manière dont les gens la perçoivent et la conceptualisent, de sa place dans le champ de l'éthique, et de la manière dont il est causalement lié à tout autre événement (c'est-à-dire de sa nécessité).

Connaître intuitivement ma propre douleur me permet non seulement d'avoir une telle connaissance générale de la douleur, mais me donne également le contrôle et me permet de réagir activement à des situations comme une entorse à la cheville. Il le fait en me permettant de m'engager dans mon expérience. S'engager dans quelque chose, c'est s'y impliquer ou interagir avec lui. Je m'engage dans ma douleur quand je la connais à fond, pour ainsi dire. Cela signifie que la douleur n'est ni seulement une sensation (comme c'est le cas dans le cas de l'opinion) ni simplement quelque chose que je connais (comme c'est le cas dans le cas de la connaissance rationnelle). La douleur est toujours quelque chose que je connais, mais, puisque ma façon de savoir est maintenant intuitive, je la connais plus complètement. Mon esprit et mon corps ne fonctionnent plus comme des entités in-dépendantes qui s'opposent potentielle-ment l'une à l'autre (comme c'est le cas dans le cas de l'acrasie qui infecte la con-naissance rationnelle). Ils fonctionnent maintenant comme un tout pour faire face à des situations aussi douloureuses que mon entorse à la cheville.

Bien sûr, je ne veux pas dire que le corps sait quelque chose de la même ma-nière que l'esprit. Je peux dire "je me suis foulé la cheville", parce que, sur la base des signaux qu'il a reçus de mon cerveau, mon esprit est parvenu à cette conclusion. Mon corps a également atteint cette con-clusion ; cela n'exprime simplement pas cette atteinte de la même manière que mon esprit le fait. Nous avons vu au cha-pitre 3 que les dommages à une partie du corps sont communiqués à d'autres par-ties par le processus de nociception. C'est ainsi que mon corps sait que je me suis foulé la cheville. Au lieu de communiquer la pensée "Je me suis foulé la cheville", mon corps réagit à la nouvelle en augmentant mon rythme cardiaque, en rendant ma respiration superficielle, en tendant mes muscles et en me faisant virer au rouge.

Le corps et l'esprit font vraiment la même chose ; ils le font simplement de différentes manières. Selon les termes de Spinoza, l'esprit et le corps travaillent en parallèle. Et le point du parallélisme, comme nous l'avons vu au chapitre 1, c'est qu'il n'y a en fait aucune différence entre le fonctionnement de l'esprit et le fonctionnement du corps. Il n'y a que le fonctionnement. Toutes les choses fonctionnent comme un tout homogène, et ce n'est qu'en passant d'une connaissance rationnelle à une connaissance intuitive qu'une personne peut réaliser ce fait.

Comme pour la connaissance rationnelle, je me rends compte qu'un événement douloureux comme une entorse à la cheville est nécessaire et que le souhaiter serait à la fois inutile et contre le sens de la vie elle-même. Mais je ne le sais plus en le connaissant rationnellement. Maintenant, je m'en rends compte en connaissant intuitivement la douleur provoquée par une entorse à la cheville. Et savoir intuitivement qu'un événement signifie savoir qu'il ne s'agit pas du tout d'un événement mais qu'il est plutôt interdépendant de tous les autres événements. Cela signifie savoir que mon entorse à la cheville est une partie inséparable du lien causal, du tout homogène, de l'unité que Spinoza appelle « Dieu ».

Et cela signifie non seulement accepter ou supporter ce fait, mais aussi l'aimer et vouloir que ce soit le cas. Lié à la connaissance intuitive de quelque chose, dit Spinoza, est d'aimer la vie dans son intégralité, les parties douloureuses et joyeuses également. Spinoza appelle cet amour de la nécessité engendré par la connaissance de l'essence des choses « l'amour intellectuel de Dieu ». Spinoza combine ici l'amour - une passion corporelle - avec l'intellect - un concept signifiant la puissance mentale utilisée pour acquérir des connaissances - afin de montrer l'importance d'embrasser la vie. La connaissance intuitive ressemble ainsi au concept de raison affective que nous avons examiné au chapitre 3. Une personne transforme la raison en un affect (de la même manière qu'elle passe de la connaissance rationnelle des choses à la connaissance intuitive des choses) dans le but d'embrasser son expérience de la douleur. Remarquons que Spinoza ne distingue pas cet amour intellectuel de Dieu de ce qu'il appelle la « béatitude ». Dans *Eth.* V Prop 36 scolie, il écrit que la béatitude consiste en « un amour constant et éternel de Dieu ». Bennett (1984) explique que « Spinoza veut que la 'béatitude' représente l'état le plus élevé et le plus désirable dans lequel on puisse être ». Et cet état revient à embrasser l'unité de toutes choses. Aimer Dieu (l'action, pas seulement le résultat), c'est-à-dire vouloir éprouver sa douleur, c'est la même chose qu'être béni.

6. La relation entre la connaissance, l'activité et la liberté

L'acquisition par une personne de connaissances rationnelles ou intuitives ainsi que l'application de ces connaissances à son expérience de la douleur sont fortement liées à son niveau d'activité. Rappelez-vous du chapitre 2 que le fait que l'affect d'une personne soit actif ou passif dépend de la manière dont il influence son pouvoir d'agir. Plus elle augmente sa puissance d'action (c'est-à-dire plus elle lui permet de devenir puissante), plus elle est active. Plus elle diminue sa puissance d'action (c'est-à-dire moins elle la rend puissante), plus elle est passive.

Une autre façon d'expliquer l'activité/passivité s'inspire de la discussion sur l'adéquation trouvée au chapitre 1 et dans les sections précédentes sur les connaissances. Notez que cette explication change le sujet de l'activité de l'affect d'une personne à la personne elle-même. Cependant, ce n'est pas du tout un changement, puisque les affects d'une personne font en partie d'elle ce qu'elle est. Spinoza dit en *Eth.* III, définition 2 que « nous sommes passifs à l'égard de quelque chose quand ce quelque chose se passe en nous, ou découle de notre nature extérieurement, nous n'en étant que la cause partielle » mais que nous sommes actifs « quand quelque chose se passe, soit en nous, soit extérieurement » pour nous, dont nous sommes la cause adéquate ». Et par cause adéquate, il entend « une cause par laquelle son effet peut être clairement et distinctement perçu »[48]. Je suis actif si,

---

[48] *Eth.* III, déf 1

tout seul (c'est-à-dire sans aide extérieure), je fais en sorte qu'une chose se produise. Cette chose peut être soit interne à moi (par exemple un sentiment que j'ai) ou externe à moi (par exemple des poids que je soulève). Et la seule façon pour moi de faire en sorte que cette chose se produise, c'est d'y penser clairement (en y appliquant soit des notions communes, soit l'idée de Dieu) et d'arriver ainsi à savoir ce que c'est vraiment.

Spinoza dirait que l'activité d'une personne dépend de sa connaissance adéquate de ces choses. Comme nous venons de le voir, il existe deux manières d'acquérir une connaissance aussi adéquate des choses : la voie rationnelle et la voie intuitive. Même si les deux types de connaissances produisent des idées adéquates sur les choses, nous avons vu que la connaissance intuitive permet un niveau d'activité plus élevé que la connaissance rationnelle. En d'autres termes, une personne est plus active si elle sait quelque chose intuitivement que si elle le sait rationnellement. La raison en est que connaître intuitivement les choses revient à connaître leur essence, et connaître l'essence d'une chose revient à la connaître complètement. Et, comme nous venons de le remarquer, mieux une personne sait quelque chose, plus grande est sa puissance d'action. Par conséquent, plus elle est active. Elle transcende ainsi la division entre l'esprit et le corps ou, comme dans les cas d'acrasie, entre ce qu'elle sait qu'elle doit faire et ce qu'elle a envie de faire.

Parce qu'elle reflète la convergence de la pensée et de l'action, l'insistance de Spinoza sur la relation entre connaissance et activité est cruciale pour comprendre son approche de la souffrance. Savoir des choses, parce que cela la rend active, permet à une personne de faire face à ses expériences de douleur. Mais, comme nous l'avons vu, il y a de meilleures et de pires façons de gérer ces expériences. Ce n'est pas seulement le fait qu'une personne sait les choses, mais aussi la façon dont elle les connaît qui détermine la façon dont elle gère la douleur. Étant donné que la manière intuitive de connaître les choses est meilleure que la manière rationnelle pour produire des idées adéquates et donc pour faire augmenter le niveau d'activité d'une personne, la manière intuitive est également meilleure que la manière rationnelle pour permettre à une personne de gérer son expérience de la douleur. Comme nous l'avons vu dans la dernière section, c'est mieux parce que cela signifie connaître complètement les choses et aimer la vie (c'est-à-dire les interactions entre les choses) en embrassant sa nécessité.

Faire ces choses tout en éprouvant de la douleur, c'est ce que signifie souffrir activement. Il y a deux façons pour une personne de souffrir (c'est-à-dire de gérer sa douleur) : soit passivement, soit activement. Elle souffre passivement lorsqu'elle ne traite pas directement sa douleur mais essaie soit de s'en distraire (cas de l'opinion), soit de s'y résigner (cas de la connaissance rationnelle). Une personne souffre activement, cependant, lorsqu'elle traite directement sa douleur en la connaissant à fond et en l'embrassant comme faisant partie de la vie.

Notez qu'aimer la vie et embrasser la douleur comme faisant partie de la vie ne revient pas à aimer son expérience de la douleur. Ce n'est pas agréable d'éprouver de la douleur, et ça ne le sera jamais. La douleur est par définition désagréable. Comme dirait Spinoza, la *tristitia* diminue toujours la puissance d'agir. Rappelez-vous du chapitre 3 que Spinoza considère qu'il est de notre devoir d'ôter la douleur des autres et même, si possible, de la prévenir. Une personne ne devrait souffrir activement que lorsqu'il est nécessaire qu'elle souffre. L'objet de son amour ne doit pas être la douleur elle-même mais la vie dans son ensemble. En d'autres termes, une personne ne devrait aimer et désirer la douleur que dans la mesure où elle fait partie intégrante de la vie.

Lorsqu'une personne souffre activement face à une douleur nécessaire, elle est libre. Notez que la liberté n'est pas une récompense obtenue à la fin après des années de souffrance. Une personne ne souffre pas pour pouvoir un jour être libre. Au contraire, sa souffrance active est simplement sa liberté. Rappelez-vous du chapitre 4 que, parce que tous les événements se produisent nécessairement, la liberté ne peut pas être basée sur le concept de libre arbitre mais ne peut exister que dans les limites de la nécessité. Ainsi, une personne n'est libre que si elle se détermine intérieurement à agir à partir de sa propre nature. Cette identité de liberté et de souffrance active – le fait que la souffrance active d'une personne est la même chose qu'elle est libre – suggère qu'il n'est pas possible pour une personne d'être à l'abri de la douleur. Il n'est possible qu'à elle d'être libre au milieu de la douleur.

J'en conclus que, selon Spinoza, savoir des choses permet clairement d'être actif. Alors savoir les choses lui permet clairement de faire face à sa douleur ou de souffrir activement. Et connaître les choses intuitivement est le moyen le plus efficace de lui permettre de le faire. En connaissant les choses de cette façon, elle est libre.

CONCLUSION

Dans l'ouvrage collectif, nous avons abordé un domaine de l'érudition de Spinoza qui est important mais qui a malheureusement été négligé : le rôle que joue la *tristitia* dans la philosophie de Spinoza ainsi que la manière dont il pense que les humains devraient gérer leurs expériences. Ils devraient les gérer, disais-je, en connaissant les choses de manière adéquate, ce qui signifie les connaître soit rationnellement soit intuitivement. Il est devenu clair que, bien que nécessaire, connaître les choses de manière adéquate n'est pas suffisant pour faire face à la douleur. La douleur étant par nature à la fois physique et psychologique, il faut utiliser le savoir affectif – l'acte de savoir devenant un affect. L'utilisation des connaissances affectives exige un niveau de particularité que la connaissance rationnelle, qui se caractérise par l'universalité, ne peut offrir. Seule la connaissance intuitive le peut. Connaître les choses intuitivement, ai-je soutenu, est la meilleure façon pour une personne de faire face à ses expériences de douleur.

Faire face à la douleur en connaissant intuitivement les choses est ce que j'ai appelé tout au long de cette thèse « souffrir activement », un concept basé sur la distinction de Spinoza entre une chose passive (qu'une force externe contrôle) et une chose active (que le sujet lui-même contrôle). Ce concept prend pour acquis le système d'éthique de Spinoza et sa conclusion selon laquelle les gens sont moralement obligés de soulager et de prévenir la douleur. Cette conclusion est importante. Mais mon argument a pris la perspective non pas de ceux qui sont capables de faire quelque chose au sujet de la douleur des autres êtres, mais de ceux qui doivent eux-mêmes faire face à la douleur. Il s'articulait autour de l'idée qu'il est préférable pour une personne souffrant de douleur si c'est elle qui, dans la mesure du possible, contrôle ces expériences. En avoir le contrôle, c'est ce que signifie souffrir activement. Et souffrir activement est, ai-je souligné, la même chose qu'être libre au milieu de l'expérience de la douleur, un concept basé sur la définition de Spinoza de la liberté comme une personne se déterminant intérieurement pour être en accord avec la nécessité.

En présentant ces arguments, nous avons examiné au chapitre 1 les systèmes de métaphysique et d'épistémologie de Spinoza et au chapitre 2 son système de psychologie. Une attention particulière a été portée à l'identité de l'esprit et du corps et à l'extension de ce rapport au parallélisme ainsi qu'à la nature affective du conatus et à l'activité/passivité des affects en général. J'ai examiné de près au chapitre 3 la *tristitia* et au chapitre 4 la théorie de la liberté de Spinoza. Une attention particulière a été portée à la nature et au contexte de la douleur ainsi qu'à la capacité d'une personne à être libre au milieu de la nécessité en déterminant intérieurement ses actions. J'ai tout rassemblé dans le chapitre 5 dans le but de montrer que connaître intuitivement les choses est la meilleure façon pour les humains de gérer leurs expériences de la douleur.

Mais cette question de la gestion de la douleur ne devrait-elle concerner que les humains ? J'ai souligné au chapitre 1 que, selon la doctrine du panpsychisme de Spinoza, tous les êtres sont conscients à un certain degré. J'ai ensuite souligné au chapitre 2 que l'espèce humaine ne constitue pas, pour Spinoza, un « royaume dans un royaume » et doit être considérée comme une partie de la nature. Et j'ai souligné au chapitre 3 qu'il pense que la douleur devrait être soit atténuée, soit prévenue, car elle concerne toutes les espèces, pas seulement les humains. Il s'ensuit que ce livre n'est qu'un début. Il encourage la recherche sur les manières dont tous les êtres souffrent ainsi que sur les moyens d'atténuer ou de prévenir leur souffrance. Ce livre encourage également d'autres recherches sur l'affect que Spinoza appelle *tristitia* ainsi que l'utilisation de connaissances intuitives ou rationnelles pour en faire l'expérience.

Il y a plus. Des concepts tels que l'impermanence et l'interdépendance ne sont pas seulement les fondements de la métaphysique de Spinoza, mais également les fondements de la métaphysique bouddhiste. En outre, l'utilisation par une personne de connaissances intuitives pour guider ses actions est une partie importante de l'éthique bouddhiste. Et son utilisation de l'intuition pour prendre conscience de l'une de ses expériences - qu'elles soient agréables ou désagréables - est caractéristique de la pratique bouddhiste connue sous le nom de pleine conscience. Bien sûr, beaucoup a été écrit sur le lien entre ces enseignements bouddhistes et les expériences de douleur d'une personne. Mais il serait utile, je pense, aux spécialistes à la fois du bouddhisme et du spinozisme, que des recherches soient menées sur les similitudes remarquables entre ces deux philosophies.

En somme, trouver la meilleure façon pour les humains de gérer leurs expériences de la douleur est crucial pour mener une bonne vie. Parce que Spinoza s'est engagé à aider les humains à mener une telle vie, il propose dans l'Éthique ce qu'il pense être la meilleure façon pour eux de faire face à leurs expériences de la douleur. Bien que ce ne soit certainement pas la seule façon de gérer ces expériences, je suis convaincu que le suivre permettra aux humains - en particulier à ceux qui n'ont d'autre choix que de ressentir la douleur - de mener une bonne vie.

Bibliographie

ADLER Jacob, « Spinoza's Physical Philosophy », Archiv for Geschichte der Philosophie, vol. 78, N°3, 1996, p. 253-276.

ANDRAULT Raphaële, *La vie selon la raison. Physiologie et métaphysique chez Spinoza et Leibniz*, Honoré Champion, Paris, 2014.

ATLAN Henri, *Cours de philosophie biologique et cognitiviste : Spinoza et la biologie actuelle*, Paris, Odile Jacob, 2018.

D'AQUIN Thomas, *La Somme théologique*, Jean-Pierre Torrell (trad.), Paris, Cerf, 2000.

D'AQUIN Thomas, *Somme contre les gentils*, F. Kerouanton, L.-J. Moreau, M. Corvez, MarieJoseph Gerlaud et Réginald Bernier (trad.), Paris, Cerf, 1993.

DELBOS Victor, *Le spinozisme*, Paris, Vrin, 1950.

DEMASIO Antonio, *Spinoza avait raison : joie et tristesse, le cerveau des émotions*, Odile Jacob, Paris, 2008.

KRIEGEL Blandine, *Spinoza l'autre voie*, Paris, CERF, 2021.

MATHERON Alexandre, Individu et communauté chez Spinoza, Paris, Édition de Minuit, 1969.

ROVERE Maxime, *Exister : méthodes de Spinoza, Paris*, CNRS éd., 2010.

SPINOZA, Baruch, *Correspondance*, traduction par Maxime ROVERE, Paris, Flammarion, 2010.

SPINOZA, Baruch, *L'Éthique*, traduction par Bernard PAUTRAT, Paris, Points Essais, 2010.

SPINOZA, Baruch, Œuvres tome 1 - Premiers écrits (Traité de la réforme de l'entendement, Court traité), texte établi par Filippo MIGNINI, traduction par Michelle BEYSSADE et Joël GANAULT, Paris, PUF, collection Épiméthée, 2009.

SPINOZA, Baruch, *Œuvres tome 3 - Traité théologico-politique*, texte établi par Fokke AKKERMAN, traduction par Jacqueline LAGREE et Pierre-François MOREAU, Paris, PUF, collection Épiméthée, 2012.

SPINOZA, Baruch, *Œuvres tome 5 - Traité politique*, texte établi par Omero PROIETTI, traduction par Charles RAMOND, Paris, PUF, collection Épiméthée, 2005.

SPINOZA, Baruch, *Les principes de la philosophie de Descartes*, in Œuvres complètes, traduction par Charles APPUHN, Paris, Flammarion, 1964.

ZAC Sylvain, *La morale de Spinoza*, Paris, PUF, 1959.

Table des matières